哲學

Philosophy: A Very Short Introduction

U0118382

Philosophy: A Very Short Introduction

哲學

愛德華・克雷（Edward Craig）著

曹新宇 譯

OXFORD
UNIVERSITY PRESS

OXFORD
UNIVERSITY PRESS

Oxford University Press is a department of the University of Oxford.
It furthers the University's objective of excellence in research, scholarship,
and education by publishing worldwide. Oxford is a registered trade mark of
Oxford University Press in the UK and in certain other countries

Published in Hong Kong by
Oxford University Press (China) Limited
39th Floor, One Kowloon, 1 Wang Yuen Street, Kowloon Bay,
Hong Kong

哲學

愛德華·克雷 (Edward Craig) 著

曹新宇 譯

ISBN: 978-0-19-943374-2

5 7 9 11 13 14 12 10 8 6

English text originally published as *Philosophy: A Very Short Introduction*
by Oxford University Press © Edward Craig 2002

目　錄

第一章
哲學之簡介

　　讀此書之人都或多或少已經算得上是哲學家。幾乎人人都算得上是，因為在生活中每個人都遵循這樣或那樣的價值觀（或者願意認為自己遵循一定的價值觀，或者因為沒有明確的價值觀而感到不安）。大部分人都對世界持有某種整體認識。也許有人認為是神創造了一切，包括人類自身；或者大相徑庭，也許有人認為這只是偶然之事，自然之選擇。也許有人相信人類擁有被稱為靈魂或精神的不朽的非物質部分；或者恰好相反，有人認為人類不過是物質的複雜組合，一旦死去就會逐漸消散。我們應該做甚麼？存在着甚麼？其實大部分人，甚至那些完全不考慮這些事情的人，對這兩個基本哲學問題都有自己的見解，即使這些見解還不能稱之為答案。當我們意識到上述任何一個問題時，就會引發第三個問題：我們如何知道？如果我們不知道，如何着手去尋找答案——藉助眼睛，通過思考，請示神諭，還是諮詢科學家？對這第三個問題，我們心中同樣也有一個類似答案的東西。哲學被看作是一門可供研究的學科，有些人可能對其一無

所知，有些人可能對其更為了解，還有些人甚至精通哲學。然而哲學不過是對上述某些問題以及問題間的相互關係思考得更深刻些罷了，它會探究以往對這些問題和問題間的相互關係都有哪些看法以及為甚麼會出現這樣的看法。

實際上，哲學無處不在，即便你有意躲避它也存在。假設有人反對哲學，說「哲學無用」，那麼情形如何？第一，他們顯然是以某個價值體系為參照。第二，當他們闡述哲學無用的理由時，不管他們的闡釋多麼簡短，不管他們的態度多麼固執，他們都會談到某些類型的思想的無用性，或談到人類在遇到某些類型的問題時無能為力。因此他們並非是在否定哲學，相反，必須承認，他們成了哲學內部的另一種聲音——懷疑的聲音。從古至今，哲學內部從不缺乏懷疑之聲。我們將在第六章談到相關的問題。

如果這些反對者表現出第二種情形(即認為某些思想無用，人類無法解決某些問題)，他們也許還暗示了一點：發現人類就是無法解決某些問題，並且獨自完成這一發現——切實去發現些甚麼，而不是甚麼也不做就自以為已經知道了答案——並不是一種寶貴的經歷，或者說是一種無效的經歷。這種說法確實不正確麼？如果我們都確信人類的能力不足以回答任何關於神的本質、甚至神的存在的問題，換言之，如果人類都是宗教不可知論者，想像一下，世界會有怎樣的改變？如果我們都

確信自己無法回答是甚麼使得國家一貫以來施加於國民身上的政治權威合法化，換言之，如果沒人相信有足夠的理由來回應無政府主義者的主張，想像一下，世界會有怎樣的改變？這些改變是好是壞，或者事實上不如你一開始認為的那樣重要，這些很可能尚無定論，但是有一點毋庸置疑：世界會發生改變，而且是巨大的改變。不可否認的是，思維方式的不同會改變人們心目中事物的形象，而多數人的思維方式則會改變幾乎所有人心目中事物的形象。除了認為哲學無用之外，另一種反對意見更有哲學之簡介編註道理，反對理由與前者恰恰相反：它認為哲學太危險。（見第131–140[*]頁。尼采稱哲學家為「可怕的炸藥，其本身毫無安全可言」，當然尼采(Friedrich W. Nietzsche)說這句話並非為了反對哲學。）但是這句話往往意味着除了說話者自己的哲學之外，其他哲學都是危險的，意味着對事物發生變化後可能造成的後果感到恐懼。

到此時，你可能會想，也許有些人認為這樣的討論不管多麼簡短都不值得進行，這些人甚至不同意我剛剛提到的懷疑的立場。你說得也許沒錯，但是這並不意味着這些人沒有自己的哲學。相反，這可能意味着他們不打算「哲學化」，即不打算表明自己的觀點，也不打算為自己的觀點辯護或作詳細的闡述。這

也不意味着他們缺乏一直遵循的價值觀，還是有些東西在他們看來是有價值的。譬如，他們也許認為與再多的理論知識相比，更需要的還是做某件事的真正技能。他們的理想與其說是看清事實的本質，不如說是在採取某種特別行動時獲得與之合為一體的能力，訓練自己不刻意努力、似乎只是憑藉過人的本能就能做成某件事的能力。許多禪宗思想，或者應該說是禪宗的做法，就在很大程度上趨向於此。這種達到某種無思境界的理想其實源自以往大量的思考。

　　既然哲學就在我們身邊，為甚麼有這麼多人認為它艱深難懂，神秘古怪？這些人的看法並不全錯，一些哲學思想的確深奧神秘，最優秀的哲學思想中有許多一開始看起來都似乎如此。原因在於這些思想並不僅僅意味着發現一些新事實，為我們已有的信息庫提供新資源；也不僅僅在於總結出幾條新箴言，在我們人生信條的清單中又增加一些該做和不該做的事項。它們反映了世界的全貌，並/或體現了一套完整的價值體系。除非你自己已同意這些思想（要記住，從模糊、潛意識的角度來說每個人身上都有這些思想），不然它們肯定會讓你覺得古怪。反過來，如果你不覺得它古怪，那你還沒有真正理解它。優秀的哲學思想會開拓一個人的想像。有的哲學離我們很近，不管對甚麼人都是如此。當然有的離我們要遠些，有的就更遠，另一些則非常陌生。若非如此就讓人失望了，因為如果

所有的哲學與人的距離都一致的話，這就意味着人類的智力水平沒有高下之分。然而沒有必要從深刻的一端開始，我們就從膚淺的一端開始，因為（正如我已說過的）我們都已經站在水中。不過要記住一點（正如進行類推時常會碰到的，此處以游泳池作類推讓我陷入困境），這並不一定意味着我們都站在同一個地方：哪些是膚淺熟悉的，哪些是深刻陌生的，可能取決於入水的位置和入水的時間。

我們也許已站在水中，但為甚麼要嘗試游泳呢？換句話說，哲學是為了甚麼？哲學思想如此豐富，其形成背景如此廣闊，因此無法為這個問題提供一個放之皆準的答案。不過有一點可以肯定：許多哲學思想是為了提供一種救贖的方式（從廣義的角度來理解），儘管我們對甚麼是救贖、從哪裏獲得救贖這類問題的回答都不一樣。其實有多少種哲學思想，就會有多少種答案。佛教徒會告訴你哲學的目的是救人脫離苦海，獲得覺悟。印度教徒的說法也差不多，但可能使用的術語不太一樣。兩種宗教都會講到躲避所謂的死亡和重生的輪迴，在這種輪迴中業報決定一個人來世的形態。享樂主義者（如果在當今能找到的話）則對重生之類的說法不屑一顧，但是他們會提供秘訣讓你在此生，亦即人唯一的一生中，盡量多享樂少吃苦。

當然不是所有的哲學都因了解生和死的種種方法的需求而起，但是凡能傳世的哲學大部分都起因於某種迫

切的需求或深刻的信念：純粹為了真理和智慧而追求真理和智慧也許是個不錯的主意，但歷史證明好主意只是一個主意而已。比如印度古典哲學就是印度教內部不同分支之間，以及作為整體的印度教和佛教之間為取得知識上的統治權而進行的戰爭。在不少文化形態中，人們為了在人類的理智和經文的啟示之間達到一種大家滿意的平衡而戰，有些戰鬥現在還在繼續。霍布斯（Thomas Hobbes）*利用其著名的政治理論（後面我將進一步探討這個理論）盡力教人們接受英國內戰帶來的教訓，他覺得這十分有必要；笛卡兒（René Descartes）和同時代許多哲學家都希望發源於近二千年前亞里士多德（Aristotle）思想的中世紀觀點讓位給現代的科學觀念；康德（Immanuel Kant）在面對獨裁專制統治時，尋求提高個體的自主意識；馬克思（Karl Marx）盡力將工人階級從貧窮和勞苦中解放出來；各個時代的女權主義者為提高女性地位而戰鬥。所有這些人加入爭論並不僅僅是為了解開幾個微不足道的謎（當然他們在此過程中有時候確實要解開一些微小的謎），而是為了改變文明的進程。

到這裏，讀者可能會注意到我沒有作任何努力為哲學下定義。我前文所說的不過暗示一點：哲學是一

---

* 托馬斯·霍布斯(1588-1679)，英國政治哲學家，機械唯物論者。著述包括哲學三部曲《論物體》(1655)、《論人》(1658)、《論公民》(1642)，《法律、自然和政治的原理》，以及代表作《利維坦》(1651)等。——本書注釋除特別注明外，均由譯者添加。

圖1　在這幅文藝復興時期的油畫中，波伊提烏(Boethius, 約480-525)在聆聽哲學夫人的教誨。《哲學的慰藉》是波伊提烏最著名的作品。在等待被處決時，慰藉是他所需要的。不過除了給人帶來慰藉之外，哲學還有很多其他用途。

個涵蓋極廣的詞，涉及很大範圍內的智力活動。有人認為給哲學下定義毫無用處。我同意這種說法。大部分對哲學的定義給我的感覺都是範圍過窄，就其作用而言，都不僅不能有所幫助，而且還會有害。不過我至少會試着談一談甚麼是哲學。當然我所說的被看作是對哲學的定義也好，被認為不是定義也罷，都不是需要太過在意、實際上也不應該太過在意的事。

很久很久以前，我們人類的祖先還是動物，想做甚麼就做甚麼，不會意識到自己正在做某件事；實際上，他們根本就沒有意識到自己正在做事情。後來，不知怎地，他們獲得了探究事情發生的緣由的能力（而不是僅僅記錄所做的事），開始審視自己和自己的行為。這初看起來可能是很大的進步，但實際並非如此。開始探究事情發生的原因首先只表示對自己行為的各個方面多了一些自覺意識而已。一隻正在獵食的動物會循着氣味追蹤，似乎知道獵物剛從這條路經過，所以氣味就留在這裏——這一點也的確是氣味之所以留下的原因；正因為如此，它的捕食行動往往能成功。這種因果聯繫的知識非常有用，它能告訴我們接下來會發生甚麼。而且，知道因為乙發生了所以甲就會發生，能加強你對事情的控制：有時，你也許能促成乙的發生，也能阻止乙的發生。如果你希望甲發生，或者希望避免甲發生，那麼你擁有的控制乙的能力就非常有用。這樣的因果關係有許多是包括人類在

內的動物自然而然地、無意識地遵循的。一旦你認識到上述做法非常有用，就可以將其推而廣之，而且會很有效。如果有些問題無法輕鬆地找到現成答案，你就可以有意識地提出類似上述的因果聯繫的問題。

不過，並不能保證這種在一般情況下都很有用的做法總是能奏效，更不用說總是能快速奏效了。尋找水果從枝上脫落的緣由會很快引導人去搖晃果樹。但是，探究為甚麼會下雨，或者為甚麼不下雨，就會把我們帶入不同的層次，尤其是當我們尋求答案的真實動機是想知道我們是否能影響降雨的時候。往往，我們能影響事件的發生。當事情（比如狩獵行動）的發展出錯時，不管是由於我們自己所做不夠導致，還是與之相反由非人力能控制的因素所致，培養探究問題的習慣很可能都有好處。不過這種習慣雖然有用，也會讓人產生這樣的想法：乾旱在某種程度上是由於我們自己的失敗所致——那麼，這是哪方面的失敗？我們做錯了甚麼？於是就會出現這樣的想法，這種想法在我們幼兒時期是很有用的：自己不會做的事有父母親幫忙，當然必須是在我們聽話、父母親心情好的時候。是否存在某種生命體決定降雨與否？我們難道不應該努力站在這些生命體正確的一邊？

探究事情發生的緣由也是人類開始探索自然、相信超自然體的存在時要做的。隨着我們祖先智力水平的提高，他們發現自己的力量也在增加。同時他們也

發現自己面臨着眾多選擇和神秘之事——生活提出了一系列問題，而以往他們只是順其自然地生活，從不質疑。幸好一切都是逐漸發生的，但是儘管如此，這一切仍然是我們的祖先有史以來遭遇的最大衝擊。有些人更多地從生物學而非智力的角度進行思考，可能會說這就是為甚麼人成其為人的原因。

　　試着把哲學看作人類努力擺脫上述危機的聲音。試着認為哲學能保護你免受一些常見的錯誤理解的影響。其中一個誤解認為哲學是一種範圍很小的研究行為，只在大學進行，或者只在某些時代或某些文化中進行(這種觀點則不那麼荒謬)。另一種誤解與第一個相關，認為哲學是一種智力遊戲，不能回應深層次的需求。這種看法的積極意義是它會使你認為在哲學發展史中很可能包含一些有趣的片段。事實上，哲學發展史中的確出現過一些有趣的片段。如果我們將前面那個關於事實情況的觀點牢記在心，這一點當然會讓我們更加興奮。蹣跚行走的智人是否能夠通過思考就回到直立行走的時代？不管答案是肯定還是否定，我們都沒有充份的理由來回答這個問題。我們甚至能肯定自己知道直立行走始於何時嗎？不管你喜歡與否，這就是我們深陷其中的、不知前方是何處的歷險。

　　但是，如果這樣的話，哲學包含的範圍是不是太廣了？哲學當然並不包括前面對它的描述中所暗含的一切。首先，如果我們犯錯誤，那麼這種錯誤在廣義

的層面上帶來的危害比狹義層面上的要小。其次，「哲學」一詞涵蓋的範圍在不同歷史時期就有很大差別，更不用說可能根本不存在這樣一個時期，在這期間人們對哲學的理解完全一致。近來關於哲學有些奇怪的事發生。一方面，哲學的範圍變得太廣，以至於趨向無意義。幾乎每個商業機構都自稱擁有自己的哲學——實際上就是通常所指的企業政策。另一方面，哲學的範圍又變得過窄——造成這種現象的主要原因是自然科學的發展。通常出現這樣的情況：一旦對某個領域的研究開始站穩腳跟，成為一個獨立的學科，擁有統一的研究方法和共同的知識體系，它很快就會從當時人們所知道的哲學體系中脫離出來，開始自行其道，比如物理、化學、天文學和心理學。因此，那些認為自己是哲學家的人所思考的問題開始減少，而且哲學也往往只能被用來研究那些我們不知道如何表達才合適的問題，展開那些我們無從着手的探究活動。

　　不同學科的繁榮發展，學科數量的大幅增加，這些不可避免地引發了另一個因素，即大學裏的學科劃分更加細緻，從而使人們易於認為哲學的研究範圍變得更窄了。大學裏的哲學系大部分都很小，因此精通的領域也很窄，往往集中於當時流行(有時也是局部)的學術範式——它們必須精通這些範式，因為是它們提出了這些範式。此外，由於顯而易見的原因，本科

生的課時很短，因此只能有所選擇，結果是總體上流於膚淺。因此，對於一種自然而然的設想——哲學即是大學哲學系教授的課程，雖然我肯定不會説它是錯誤的，但是這種説法過於狹隘，會引起誤導，應該避免。

本書定名為對哲學的簡短引論[*]。但是，正如我想現在已變得越來越清楚的，我無法真正將你引入哲學之門，因為你已經身處其中。我也無法真正將你引入哲學的王國，因為哲學實在是浩瀚無邊，就像我無法「向你展示整個倫敦」一樣。我可以向你展示倫敦的一小部分，也許提到幾個主要的旅遊景點，然後就告訴你其他一些導遊信息，讓你帶着地圖自己去探索發現。這也正是我在本書中關於哲學打算做的事。

本章開頭，我曾提到三個哲學問題，儘管可能稱它們為三種類型或層次的問題更合適。第二章至第四章將通過幾部古典哲學著作分別舉例説明這三種類型的問題。第一部作品中使用的思維方式大家非常熟悉，而第三部討論的問題對大部分讀者來説都要陌生得多；從熟悉到陌生，這三章同時也闡述(儘管並不充份)了這本簡介的另一個主題：哲學領域可能會遇到的新內容。另外，我前面談到了很難避免哲學性過強，似乎都有些嘮叨了。如果的確很難避免，我們就可以期待不管我們看甚麼，都能或多或少發現某種類型的

---

[*]　這裏指英文原書名的字面意思。——編註

哲學思想。似乎為了證實這一點，我們給出的第一個例子來自公元前4世紀的古希臘，第二個例子來自18世紀的蘇格蘭，而第三個例子則來自古印度，由佚名佛教徒大概在公元前100年與公元100年間某段無法確定的時期寫成。

這三部作品應該都很容易找到，尤其是前兩本(參見參考書目)。不讀這三部作品也能很好地理解本書，但是如果可能的話，最好還是在讀本書之外，同時親身閱讀這三部作品。你將會喜歡其寫作風格。大部分哲學作品都寫得很好，因此我強烈建議大家在欣賞其中的觀點和辯論的同時，也要欣賞作品的風格。不過主要原因還在於：如果你願意的話，這樣做會讓你融入其中。要記住，哲學並不是一個完全陌生的領域：從某種意義上來說，你已經是一個哲學家，你自身正常的智力本來就擁有工作許可——你並不需要經過任何深奧的訓練來得到許可進行思考。因此，在閱讀過程中不要害怕，要進行質疑並總結出暫時的結論。不過要注意，是暫時的結論！不管你做甚麼，千萬不要沉迷於那句最懶惰、最洋洋自得的俗語：「每個人都有權利擁有自己的觀點。」獲取權利不是那麼簡單的事。相反，要牢記貝克萊(George Berkeley, 1685–1753)那句挖苦的話：「很少有人思考，但是所有的人都有自己的觀點。」如果真是這樣，那就是個悲哀；因為，思考是快樂的一部分。

最後，請大家慢慢閱讀。這本書很短，但所談的卻是一個歷史悠久的話題。我想盡辦法在書中塞進了大量的內容。

第二章
我應該做甚麼？
柏拉圖的《格黎東篇》

柏拉圖(Plato, 約前427–前347)並非古希臘文明史中第一位重要哲學家，但是他是第一位有大量完整作品傳世的古希臘哲學家。印度哲學典籍《吠陀經》和大部分《奧義書》的出現都早於柏拉圖的作品，但是它們的作者是誰，它們是如何寫成的，這些我們幾乎一無所知。佛陀生活的年代早於柏拉圖，但是究竟早多久學術界尚無定論；倖存的有關佛陀生平和思想的最早記述都是在佛陀死後幾百年才出現的。中國的孔子也先於柏拉圖(生於柏拉圖之前一個世紀的中期)。同樣，據我們所知，孔子也並無著述。那本著名的《論語》也是編於孔子死後。

柏拉圖的所有作品都以對話形式出現，其中大部分妙語連珠，風格口語化。當然有時主人公也會作長篇大論。這些作品中有二十幾種經確認為柏拉圖所寫，還有更多的一些不能確定。在已被確認的作品中，有兩種的篇幅要比其他的長得多，更適合被看作是由一系列對話組成。(這兩本書分別是《理想國》和

《法律篇》。兩書談論的中心話題都是對理想的政治體制的追求。)柏拉圖可讀的書很多，而且大部分都很容易買到，譯後版本價格也比較便宜。至於這些作品的難度就各不一樣了。有些作品與我們下文即將細述的一本差不多，而另一些如《智者篇》我應該做甚麼？這樣的，即使是那些博覽群書的人看了也會時不時大傷腦筋，心中茫然。

柏拉圖的對話作品有一個顯著特徵，即幾乎所有對話中都出現了蘇格拉底(Socrates)，雖然蘇格拉底並不總是談話的中心人物。在名為《格黎東篇》*的對話中，蘇格拉底不僅參與了討論，而且討論的是關於當他發現自己遭遇困境時應該怎麼做的問題。因此，我們需要了解一下蘇格拉底其人以及他如何遭遇對話開始時說到的困境，即身陷雅典監獄，等待即將到來的處決。

蘇格拉底生於公元前469年，卒於公元前399年。毫無疑問他魅力無窮，生活方式則有些古怪。給人的印象是只要有人願意加入，他便整日與人進行辯論，不取報酬，因為他安於因此而帶來的貧窮。他的辯論夥伴包括許多比較富有、因此也比較空閒的雅典年輕人，其中就有柏拉圖。柏拉圖對蘇格拉底的仰慕促進了前者哲學事業的發展，並激發他創作了大量作品。這些作品使蘇格拉底和柏拉圖兩人同樣名垂千古。

---

* 原文為Crito。本文採用由王太慶翻譯、商務印書館2004年版的《柏拉圖對話集》中所用譯名「格黎東」，希臘文為Kriton。

我們了解蘇格拉底的思想並非全部根據柏拉圖的作品，但是到目前為止絕大部分都是的，因此要明確區分兩人的觀點並非易事。不用懷疑，柏拉圖有時努力將蘇格拉底作為一個歷史人物進行刻畫，有時則將蘇格拉底這個人物形象作為一種語言手段來表述自己的哲學觀點，但是這兩者之間並不總是有清晰的界線。學者們如今似乎大體上達成共識，認為蘇格拉底真正關注的是關於公正和美德的倫理問題（「我應該怎樣生活」有時被稱為「蘇格拉底問題」），並且蘇格拉底經常探究他的雅典同胞們是否真正理解這其中涉及的問題，他們對這些問題的理解是否如同他們自己聲稱的那樣深。他自己對這些問題也並不總是完全理解的——不過每當這時，蘇格拉底便不會聲稱自己理解。

這樣做似乎很容易為自己樹敵。因此上述關於蘇格拉底種種活動的描述與後面發生的事情完全不衝突：三個雅典公民以毒害雅典年輕人為由起訴蘇格拉底。如果把公眾對蘇格拉底的敵意比作一座冰山，那麼這三個雅典公民就是冰山的頂端。蘇格拉底被以微弱多數判為有罪[*]，並被處以死刑。在《蘇格拉底的申辯》中柏拉圖就記錄了蘇格拉底在審判過程中所作的

---

[*]　雅典法律規定，案件由全體法官投票，按多數票決定被告是否有罪。蘇格拉底申辯後，法官投票表決，以281：220票判決有罪。（引自王太慶，2004：48，51）

演說(儘管題目直譯應該是「蘇格拉底的道歉」，但蘇格拉底的言辭絲毫沒有抱歉之意)，為自己申辯時、法官裁決後以及最終宣判後各一篇。

蘇格拉底並非是在審判後被立即執行死刑的。審判進行時一個祭祀慶典正好開始，只有當城邦國家派往得洛斯島的一艘船返回雅典後，慶典才能結束。這個慶典具有重要的宗教意義，在船未返回之前不得執行死刑。因此在這段時間，蘇格拉底必須待在監獄。在這段時間裏，他的朋友們剛好有足夠的時間定期來探望他，結識獄卒，並醞釀一個行動計劃。隨着船返航時間的臨近，把行動計劃告訴蘇格拉底的任務就落在了格黎東(Crito)身上：他們打算賄賂獄卒，這樣蘇格拉底就可以逃離雅典到別處去，比如去特答利亞*。格黎東在那兒有朋友，將會接待蘇格拉底，並為他提供庇護。

在《格黎東篇》中柏拉圖記錄了格黎東與蘇格拉底的辯論以及蘇格拉底的回應。儘管這則對話寫於二千四百年前，但出人意料的是它讀起來並不那麼令人吃驚。你也許不同意蘇格拉底的全部觀點——比如許多讀者會認為蘇格拉底誇大了國家對個人的要求，但是事實上他提出的所有觀點，對任何一個曾經面對艱難抉擇的人來說都不陌生。柏拉圖談到愛，我們就

---

* 原文為Thessaly，此處譯成「特答利亞」也是根據王太慶的譯文，通常依英文發音譯成「貼撒利」。

圖2　並非所有人都像柏拉圖一樣為蘇格拉底所折服。在與蘇格拉底同時代的喜劇家阿里斯托芬(Aristophanes)的《雲》中，蘇格拉底是以一個整天躺在籃子裏搖晃(以便處於一個更好的位置來研究天體現象)、自視甚高的怪人形象出現的。

知道他談論的角度與我們不同；讀柏拉圖的宇宙論，我們就如同回到了完全不同於今天的時代；但是對話中對「在這種情況下我應該做甚麼」這個具體倫理問題的討論似乎就發生在昨天。在第一章，我提到我們每個人都或多或少是個哲學家，因此有的哲學離我們很近。下文我就舉一個源自古希臘的例子。

開始前先說句題外話。不管你使用哪個版本、哪種語言的譯本，柏拉圖作品的每個部分都有專門的標註方法[*]。這種標註方法最早源自1578年文藝復興時期一個版本中使用的分頁方法，被稱為斯特凡努斯標註法（斯特凡努斯是其編輯亨利・埃蒂安納的拉丁名字）。現代印刷的任何版本中也都使用這種標註法，或是標在空白處，或是標在每頁上方。本章我就將一直使用這種標註法。

第一頁前後(43a–44b)說明了事情發生的背景。格黎東說他已打通看守這方面的關節。蘇格拉底回答說到他這個年紀就不應該因為自己要死而抱怨太多。然後格黎東的勸說便開始了。他首先如一般人都會做的那樣，告訴蘇格拉底朋友們非常珍惜他，然後暗示蘇格拉底應該會在意回報朋友們的深情：朋友們的名譽將會岌岌可危，因為如果他堅持待在監獄並被處死，人們會認為朋友們不願花錢買回他的自由，讓他逃亡。

---

[*] 柏拉圖的每部作品都被分成幾個部分，各部分用數字1、2、3……標註。每個部分又分成幾個小節，用字母a、b、c……標註。

隨後格黎東又急急忙忙提出大量迥異的觀點(這些觀點都沒有充份展開。《格黎東篇》的語言組織得並不嚴謹,反而更像平常的聊天)。蘇格拉底回答說一個人不應該關心「眾人」怎麼想,應該在意的是那些洞曉事實的理智之人是怎麼想的。「像你說的那樣,我們承受不起,」格黎東說,「眾口鑠金啊!」「相反,」蘇格拉底說,「就真正重要的是甚麼這一點而言,多數人的意見根本沒有甚麼影響力可言。」很明顯,真正關鍵的問題是人是睿智的還是愚蠢的(44d)。

我懷疑許多讀者讀到這個觀點會吃驚。蘇格拉底所謂的智慧是甚麼?智慧應該是唯一真正重要的事嗎?我們應該一直記着這個問題,時刻注意後面的對話中任何有助於我們理解這個問題的部分。不過格黎東卻忽略了這個問題,又回到先前的話題,重新談起蘇格拉底的做法會給朋友們帶來的後果。蘇格拉底是不是認為如果自己逃跑了,他的朋友就會有被報復的危險?是的,蘇格拉底好像是這麼認為(在53a/b中,蘇格拉底又強調了可能會給朋友帶來危險的問題)。這肯定在很大程度上消解了格黎東論點的說服力:如果做某事與不做某事一樣,給朋友帶來的後果很可能都不好,那麼再利用如果不做某事就會給朋友帶來不好的後果來說服蘇格拉底就沒有甚麼意義了。

可以理解,此時格黎東又擔憂又心焦,說話的篇幅開始變長(45a—46a)。他情緒激動,語無倫次,將

自己所有剩餘的彈藥都發射了出來。蘇格拉底不應該考慮是否會給朋友帶來風險，也不應該考慮費用問題——無論怎樣，費用都不會那麼高。他也不應該擔心逃離雅典、在他國流亡就意味着回到了他在被審判時所說的情形之中[*]。（在46b–46d和52c中，我們很快會發現這根本無法說服蘇格拉底。對於蘇格拉底來說，始終如一、忠於自己並忠於自己所作所為的理由是非常重要的品德。）

格黎東接着又說，蘇格拉底本可挽救自己的生命卻選擇放棄，這樣做是錯誤的，這樣做恰恰滿足了敵人的意願。不過格黎東沒有告訴我們他認為蘇格拉底錯誤僅僅是因為這樣做就意味着敵人勝利了，還是因為這樣做本身就是錯的——如同有些人認為自殺這種行為本身就是錯的一樣，又或是因為其他原因。格黎東心中所持的是哪個原因實際上決定了他這句話的含義，不過他當時的思路肯定並不嚴密。到這時，格黎東變得極度激動。他先是指責蘇格拉底不關心自己的孩子，後來又說蘇格拉底是個懦夫（45d）。（與蘇格拉底真正要做的事所需要的勇氣相比，格黎東對蘇格拉底的第二個指責顯得尤其荒謬；而關於孩子的事，蘇格拉底在後面將會談到。）精疲力竭之後，格黎東又開始抱怨蘇格拉底的

---

[*]　蘇格拉底在審判的時候曾說過「流亡則不知何以自處」。（王太慶，
　　2004：59）

做法將損害朋友們的名譽。他乞求蘇格拉底同意自己的觀點，然後就打住話頭。

因為痛苦和擔心，格黎東的最後幾段話很是無禮。蘇格拉底對此並未在意。他和善地説到了格黎東對自己的好意，並且控制了對話的發展。對話的行文思路馬上就平緩下來，觀點組織也更加嚴謹。他回應格黎東剛才説的第一點，即關於榮譽的問題。他問我們應該尊重誰的意見，睿智之人還是愚笨之人，大多數人還是少數內行人？格黎東很快順着蘇格拉底的思路給出了明確的答案。當蘇格拉底全神貫注投入辯論之時，他的對手往往就會像格黎東那樣。因此，在這裏我們不應該聽從大多數人的意見，而應該聽從那些懂得甚麼是公正、如何正確行事、如何幸福生活或是以應該的方式生活的人的意見。否則我們的靈魂會受到傷害，正如在涉及健康問題時，不聽從醫生而聽從大多數人，我們的身體就會受到損害。關鍵問題是蘇格拉底試圖逃跑是否正確，所有關於錢、名譽以及撫養孩子這檔子事都並不是真正重要的(48c)。

讓我們暫停片刻。讀哲學之一忌是對其完全接受。難道蘇格拉底剛才的話中不帶一絲道德狂熱的痕跡？他的靈魂具體會受到怎樣的傷害？為甚麼靈魂受傷會讓人覺得如此可怕？如果朋友的榮譽將受到損害，如果將無法親自撫育孩子成人，難道蘇格拉底會不願意冒點風險，讓自己的靈魂稍稍受些傷害？畢

竟，蘇格拉底看不起那些不願為朋友和家庭而甘受肉體傷害的人。不可否認，我們已被告知（47e–48a），靈魂，確切地說，「我們自身的那個部分，不管叫甚麼，總之是關於公正和不公正的那個部分」，比身體寶貴。不過沒人告訴我們靈魂為甚麼或者以何種方式比身體寶貴，也沒有任何解釋來說明為甚麼靈魂會如此重要以至於一旦靈魂可能受到傷害，諸如朋友的名譽或孩子的幸福等小事可以馬上不顧？另外，如果孩子沒有得到很好的照顧，「他們自身的那個部分，不管它叫甚麼，總之是關於公正和不公正的那個部分」會不會受到傷害呢？看起來蘇格拉底需要一個新的辯論夥伴，一個可能已經開始尋求其中一些問題的答案的夥伴。

不過既然蘇格拉底認為逃跑是錯誤的，還是讓我們聽蘇格拉底說完，對整體情況有一個全面了解。首先他請求格黎東同意一點：不公正地對待他人是錯誤的，即使是以不公正報不公正（49a–49e）。復仇也許讓人覺得痛快但卻是不允許的。提出這點，在策略上的重要意義是顯而易見的：如果這一點被接受，那麼是否有人不公正地對待蘇格拉底——無論是國家、陪審團成員，還是提出訴訟的人——將變得無關緊要，唯一重要的是蘇格拉底本人是否會按照格黎東的計劃行動而做錯事。顯然蘇格拉底並不期望這個觀點得到普遍贊同。許多人認為復仇是可以的，甚至是絕對正

確的，這點他再清楚不過。但是他要說服的人是格黎東，很明顯兩人曾在這裏討論過這個問題，因為蘇格拉底稱這個觀點是「我們原來的觀點」，而格黎東也表示同意：「我依然支持這個觀點。」

蘇格拉底接下來提出兩個爭議較少的前提：損害他人利益是不對的(49c)；撕毀一個公平的協議也是錯誤的(49e)。他是打算說明如果自己逃跑的話，就是同時做了上述兩件錯事。受到傷害的將是雅典城邦及其法律。他想像國家和法律化形成人，上前來提出他們的理由。

首先，蘇格拉底會損害國家和法律的利益(50a—50b)，實際上他是在「試圖毀滅兩者」。這聽起來似乎很奇怪——蘇格拉底唯一打算做的事確實是躲避死刑嗎？不過看了下一句話我們就明白蘇格拉底的意思了：如果人們以蘇格拉底打算做的事為榜樣，導致的結果就將是法律體系的崩潰和國家的滅亡，因為如果個人無視法庭的裁決，國家和法律都無法存在。這裏我們看到的是一個人們非常熟悉的有關道德的論點：「如果人人如此將會發生甚麼？」自己做某事就如同允許其他任何人都這麼做，所以我必須考慮這種情形的後果，而不僅僅是考慮我個人行為的後果。德國哲學家康德(1724–1804)被一些人認為是現代最具影響力的哲學家。他也把這一點看作最基本的道德準則(儘管他的表述更加複雜)。我們都曾聽說過這一點，也有人

跟我們談過這一點，但是出乎意料的是它在公元前400年就出現了。

第二，50c中的對話暗示蘇格拉底將會撕毀一個協議。但是從50c到51d表明，從任何正常的意義來看，法律和國家要說的似乎完全不是關於一個協議的——在蘇格拉底這一方，如果他自願同意某件事，那就沒甚麼可說的了。將蘇格拉底的做法看作是表達感激之情的義務，或是被創造者對創造者應有的尊敬，或兩者都是，這樣可能更合適。這段話的主旨是雅典城邦國家如同父母，使蘇格拉底成為蘇格拉底，至於國家是如何造就他的，蘇格拉底對此沒有任何不滿。蘇格拉底於是受到意願的約束，假設他擁有對城邦進行報復的權利更是荒謬無比。

最後一點實際上是多餘的，因為蘇格拉底已經說過報復無論如何都是錯誤的。但是從對話中可以看出，關於其自身情形蘇格拉底談到了兩次：即使如同許多人認為的那樣，報復有時是正確的，在現在這種情況下也另當別論，因為報復的對象是如同父母的國家。至於蘇格拉底受到國家意願約束的問題，這一段與其說證明不如說是規定了這種國家權力的極權概念以及與之相應的父輩應該擁有權威之觀點的合理性。這並不讓人覺得奇怪，因為要證明下列說法的合理性並非易事：國家因其在個人生活中所起的作用而有權支配個人，如同個人是為國家目的而製造的沒有生命

的工藝品。國家也許能為公民做許多事情，但是你能想像國家所做的事多到公民除了國家允許的事之外沒有權利做其他任何事情嗎？一旦我們承認蘇格拉底可被允許在獨立於雅典城邦之意願的情況下做一些滿足他自己目的的事，那麼活下來（如果這就是蘇格拉底想要的）難道不是其中之一？格黎東如果不是個十足唯唯諾諾的人，在這個階段他就會有更多的反駁理由了。

然而在51d中，蘇格拉底的假想敵們提出了一個新的觀點，這個觀點如果正確，辯論的結果就會大不一樣：蘇格拉底已自願與他們達成協議，尊重法律並遵守法律。這並不是說蘇格拉底曾經簽署文件或公開宣佈，而是他的行為本身就足以表明這個協議的存在。法律規定雅典公民一旦成年就可以攜帶自己的財產離開雅典，不用承受任何物質懲罰。但是蘇格拉底選擇留下。而且，蘇格拉底活到七十歲，在這期間，除了外出打仗，他從未離開過雅典，即使是短期的都沒有。在接受審判時，蘇格拉底就曾清楚表明他無意接受流放作為一種替代懲罰。總之，這明確表現了蘇格拉底自願接受雅典的制度。現在蘇格拉底打算撕毀協議嗎（與他自己在49e中聲明的相反）？

蘇格拉底的大部分辯論都站在一個相當的原則高度，有時高得讓人發暈——比如他說相比較而言，做正當的事更重要，名譽問題（他自己的名譽和朋友的名譽）、撫育孩子的問題都無足輕重。但是從52c到結

尾，即《格黎東篇》的最後部分，可以看到蘇格拉底重複談到了前面的話題。不管他是想確信能說服那些尚未接受他那些崇高原則的人，還是根本不樂意讓那些人來決定整件事，事實是在這裏他再次談到了名譽、給朋友帶來的危險、流放的可能性以及孩子的教育這些問題。

往回翻幾頁就可以看到蘇格拉底告訴格黎東不必擔心眾人的說法。但是「法律和國家」這一部分認為至少有幾點值得一提：蘇格拉底有可能成為別人的笑柄(53a)，有可能聽到許多關於他自己的反對言論(53e)，有可能讓法官們有理由認為自己作了正確的決定(53b/c)。〔對一個贊同蘇格拉底原則的人來說，更重要的是如果蘇格拉底的所作所為與審判時他自豪宣稱的觀點相違背，那他就會感到羞恥(52c)——對蘇格拉底來說，正直的意義遠不止這些。〕他應該考慮到實際後果：如果他逃亡，朋友們就會有危險(53b)，他自己的流亡生活也將得不償失並會降低他的身份(53b—53e)。最後(54a)，流亡能給孩子們帶來甚麼好處？他打算帶着孩子一起去特答利亞(偏偏是特答利亞)，讓孩子們也一起流亡嗎？如果孩子們在雅典長大成人，他是死還是不在家又有甚麼不同？無論如何，他的朋友都會悉心教育他們。

法律還有最後一張王牌，這張牌從古至今都為衛道士們所熟悉並經常使用：古老的地獄折磨的策略。

如果蘇格拉底觸犯法律，法律說，那麼死後，等待他的將是可怕的待遇。陰間的法律與陽間的法律是兄弟，會為兄弟報仇。

最後，蘇格拉底本人又說話了(54d)。他的結束語談到了另一個永恆的話題：道德與宗教的關係。有人認為(當然也有許多人持不同意見)不信仰一位神靈就不可能有正確的道德觀。我們沒有理由認為這是蘇格拉底首創的觀點，但是看來他的確在做一件和那種折磨一樣歷史悠久的事，但卻比那種折磨讓人欣慰得多：他宣稱得到了神的道德啟示。「我好像聽見了這些，格黎東……這些話一直在我體內迴蕩，以至於我無法聽到別的……那麼就讓我們這樣做吧，既然這是神指引我們前往的方向。」

對話結束了，我希望你們在閱讀過程中得到了享受。眾所周知，道德問題的解決相當困難，不僅是在幾個人想要達成一致的時候，甚至在個人作決定時也是如此。對於出現這種情況的原因我們已了解一些：涉及的因素太多，問題類型太複雜。你是應該做A還是不做？如果你做了後果會怎樣？除了你本人之外，可能會給你的朋友、家人或其他人帶來一定的影響。如果你不做又會怎樣？如何比較帶來的兩種後果？要麼這樣：完全不考慮可能造成的後果，就問自己是否能憑着對自己的判斷一直做A——這樣做會不會導致自己違背一直以來珍視並努力想要達到的理想？如果

真這樣做了你會有怎樣的感受？又或者儘管帶來的結果非常好，但是否又會與你所承擔的責任或義務相矛盾？對誰的義務？如果不做你是不是又會違反其他的義務？是對朋友和家人的義務先於對國家的義務，還是對國家的義務先於前者？如果你信仰宗教，該宗教對這個選擇題又有怎樣的回答？在《格黎東篇》中，這些問題的複雜性都是很難察覺的，因為蘇格拉底提出所有相關因素的態度要麼是中立的(這對他的孩子來說沒有甚麼影響，對他的朋友也一樣)，要麼都指向一個方向。但是要發現其中可能存在的讓人痛苦的道德困境並不需要太多想像力。

有些人希望哲學能為道德問題提供答案，但是除非哲學能在一定程度上將我們剛才討論的複雜問題簡單化，否則希望非常渺茫。因為它將不得不令人信服地向我們表明，只有一種正確的方法能在各種不同的因素之間達成平衡。蘇格拉底在努力將整個事件歸納到一個問題上時(從48c開始)，就是在做簡單化的工作。我在前面提到過康德(第25頁)，他也在爭取簡單化，將道德觀置於一個簡單的原則之上，這個原則與我們熟悉的一個問題——「如果人人都這樣做會發生甚麼事？」——緊密相關。另一些人則從其他角度來進行簡單化，建議我們不要考慮責任和義務的問題，只需考慮我們打算做的事將給所有可能受到影響的人帶來的後果。在第五章，我們會讀到更多類似的觀點。

圖3　蘇格拉底一邊從獄卒手中接過毒鳩，一邊繼續與朋友們辯論。大衛
(Jacques Louis David)的名畫《蘇格拉底之死》(1787)

第三章
我們如何知道？
休謨的《論奇跡》

　　包括筆者——你們現在的哲學嚮導在內，許多人都認為蘇格蘭哲學家休謨(David Hume, 1711–1776)是所有用英語寫作的哲學家中最偉大的一個。他多才多藝：他撰寫的多卷本《英國史》影響深遠，以至於他在有生之年同樣以歷史學家而著稱；他還寫作政治(主要是關於憲法的)和經濟方面的評論。他認為自己所做的這一切都是為了完成一個總的研究計劃，即對人類本性的研究。《人性論》雖然是他年輕時所寫，但卻是一部傑作。該書分三卷，於1739至1740年間出版，其中討論了人類信仰、情感和道德判斷問題。書中追問了信仰、情感和道德各是甚麼，是如何被創造出來的。

　　休謨對人類的本質是甚麼有着確信不移的認知，他關於上述問題的著作都是在這種確信的基礎上寫成的。他還確信一種認知，這種認知對他來說也同樣重要，即人類不是甚麼。這是一種獨特的錯覺，在我們有可能接受任何更具有積極意義的觀點之前必須加以摒除。要記住大部分偉大的哲學體系都不是簡簡單單

圖4 休謨貌似鈍拙,實則聰穎。「從臉上根本無法看出他的獨創性才智,尤其是他思維的敏感性以及活躍性,」一位拜訪過休謨的人寫道。

地在我們以前的信仰上增加或是減去一兩個事實，而是摒棄一套完整的思維方式，用新的取代。這其中可能有大量的細節問題，但是只要稍向後退，就會發現其中是有廣闊天地的。

　　休謨想要徹底根除的概念有其宗教根源。嚴肅看待那句老話——上帝按照自己的模樣創造了人類，會發現這句話實際上把人類看作是雜交體；人類生活在這個世界，但並不完全屬於這個世界。我們的一部分，即我們的身體，是自然物體，受自然規律和自然發展過程的影響；但是我們還有不朽的靈魂，它天生具有理性，並且能夠理解甚麼是道德觀——這就是上帝之所以按照自己的模樣創造了人類的原因。動物則很不一樣。它們沒有靈魂，它們只是精密複雜的機器，僅此而已。人類和動物之間存在着重大的差別，有一條顯著的分界線，但是在人類和上帝之間並沒有。休謨想要改變這種說法，他認為人類並非低一級的小毛神，在某種程度上人類是稍高一級、體形中等的動物。

上帝		上帝（？）
人類		————
	⇨	
————		人類
動物		動物

不要漏掉右上角加上的問號。左邊一欄引導我們過高估計人類的理性。如果從合適的角度來看，我們會發現自己既劃錯了分界線，同時又注定無法想清楚甚麼應該被劃在這條分界線以上，因為我們尚未達到那個層次。

因此，關於理性在生活中的重要性，休謨有許多話可說。他認為理性的作用並不像自己的反對者認為的那麼大，或者說並非反對者認為的那種類型。隨後他談到反對者們要求理性完成的事中有大部分實際上需由其他因素，即人性的方法來完成；關於人性的方法，休謨發展了一種廣博的理論，這種理論是我們現在所謂的早期認知科學的雛形。但是當休謨直接論及宗教信仰時(他寫了很多，見本書「參考書目」)，他沒有使用宏大的理論，而是訴諸常識以及人們日常生活觀察所得。因此他的《論奇跡》就是另一部淺顯易懂的經典哲學著作。如果把閱讀比作居家，那麼這本書的出發點如果不是在起居室，那也是在家門口。

但是，我們不能想當然地認為這其中所有的內容都是我們非常熟悉的。休謨接下來要證明的是：如果我們相信發生了一個奇跡，而我們的證據都源自他人的描述(通常幾乎都是這樣的)，那麼這種認定是有悖於理性的，因為讓我們相信所稱的奇跡並沒有發生的理由應該至少與我們認為它發生的理由一樣充份。實際上，休謨認為，讓人相信奇跡沒有發生的理由往往更充份些。這

個話題他需要謹慎對待，原因有二。首先，在休謨發表《論奇跡》之前不到二十年，有個叫伍爾斯頓(Thomas Woolston)*的人在監獄中度過了生命中最後幾年時光，就因為他聲稱光憑《聖經》中關於耶穌復活的記錄並不足以讓人相信這樣一件很不可能發生的事；休謨現在要談的與此絕非毫無關聯。第二，休謨的確想改變同時代的人，尤其是他的同胞們對宗教的看法。如果這些人不看他的書，那麼他們的看法就無法改變，所以休謨必須春風化雨般地引導他們。

因此，在開頭第一段休謨把「蒂洛森(Tillotson大主教」**搬了出來。如果能宣佈自己的觀點是從一個大主教新近才提出的觀點發展而來的，還有甚麼比這更能說服人呢？要想更有說服力，除非還能加上一點：大主教的觀點可以決定性地駁斥羅馬天主教的某個特定教義？休謨的讀者中有絕大部分都不同程度地反對羅馬天主教，他們會覺得順眼、滿意，然後繼續往下讀。

探討這個觀點本身之前，還有一個問題：為甚麼休謨覺得就奇跡是否發生的證據問題進行寫作如此重

---

* 伍爾斯頓(1670–1733)，英國宗教作家，屬於自然神論者中的過激份子。他懷疑預言和基督復活，並堅持以比喻方法來解釋《聖經》中所提到的種種奇跡，認為這些奇跡不足以提供足夠的證據使人信仰基督教。（引自《簡明不列顛百科全書》第八卷，中國大百科全書出版社1986年版）

** 蒂洛森(1630–1694)，英國高級教士、坎特伯雷大主教(1691–1694)，曾任英王的宮廷牧師，反對無神論、清教主義和天主教教義。（引自《英漢大詞典》，上海譯文出版社1983年版）

要？這其實是他系統研究宗教信仰的理由這個整體計劃的一部分，通常認為這些理由有兩類。一方面是人類依靠自己的經驗、利用自己的推理能力推斷出來的；另一方面則源自神的啟示，即某部聖典或某個權威人士。但是這也導致另一個問題：有些聖典可能是騙人的，而權威也可能是假的，怎樣才能區分真假呢？回答是真正的啟示必然伴隨着奇跡出現。因此發生奇跡非常重要，它能證明宗教的權威性。（奇跡的發生最終是由盡可能重要的權威人士來宣佈的；人們普遍接受的一個觀點在此為休謨所採納，該觀點認為奇跡的發生必然違背自然法則，因此只有上帝或者上帝賦予其神聖力量的人才能創造奇跡。）因此，認為我們永遠也不可能有充份的理由相信奇跡的發生，這樣宣稱是具有顛覆性的，它相當於聲稱人類的理性不足以區分真正的啟示和虛假的啟示。

下面來談休謨的觀點。休謨討論的出發點為人所熟知，因為我們都經常要靠別人講一些事給我們聽。這樣做在大部分情況下都沒有甚麼問題，但是有時我們所聽到的卻被證明是錯的。我們還時不時從不同的人那裏聽到相反的說法，這樣我們就知道其中至少有一個人說錯了，儘管我們可能永遠無法弄清到底是誰錯了。我們對為甚麼會有錯誤的說法也略知一二——為了自己的利益，為了保護他人，為了維護自己心中極為珍愛的事業，為了使講述的故事更精彩，或者僅

僅因為一個嚴重的錯誤，因為貿然相信先前的說法，因為惡作劇，或是其他甚麼原因。我們大部分人在一生中都會有犯錯的時候，而且大部分都是由於上述原因，因此我們認識到這一點並不僅僅是通過他人的論述（正如休謨有些話中暗示的那樣）。我們都知道人類的證詞有時候需要小心對待，在某些情況下更是如此。

假設我告訴你在上周某個正常上班的日子，正午之前我驅車橫穿倫敦南北，路上沒有看到一個人影，也沒有遇到一輛交通工具——沒有一輛小汽車，沒有一輛自行車，也沒有一個步行者——我經過的時候，所有的人都碰巧在其他地方。你可能會懷疑我說這要麼是在荒謬地誇大路上出奇的安靜，要麼是在檢驗你是否容易上當受騙，要麼是在回憶一個夢境，要麼就是發瘋了，但是有一點你不可能相信：我所說的是真的。你會想，任何事情都可能發生，就這件事不可能。

你這樣認為是明智的。即使我所說的的確是真的（這也是可以想像的，因為當時沒有人非得跟我同路，他們也許都決定待在別處），如果就因為我是這樣說的你就相信了，那也是完全不理智的。如果你當時和我一起，親眼看到空曠的街道，那麼情況或許就有所不同了。但是我們現在談論的是你只依靠我的證詞的情況。

你或許能看出休謨的觀點已經開始成形。考慮到

奇跡事件在鞏固宗教信仰方面所起的作用,這樣的事件必須是根據經驗判斷幾乎不可能發生的。如果奇跡屬於那類能夠輕易發生的事,那麼隨便哪個老騙子,只要有點運氣或者時機掌握得當,就能抓住機會獲取神聖的權威。但是如果奇跡是幾乎不可能發生的,那就只有最可靠的證據才足以讓人相信其發生。一個聰明人被迫在兩種不可能發生的事情之間進行選擇時,會如同休謨所說的,依靠證據來決定信仰,選擇發生可能性相對較大的一方。因此證據必須來自這樣的聰明人,這些證據發生錯誤的可能性比他們所描述的事件發生的可能性更小。但是這很難辦到,因為正如你所見,上述事件發生的可能性已經極小。

這樣從理論上來講,我們完全有可能擁有足夠有力的證詞作為證據,但是這也足以產生一個嚴重的疑問——我們是否對於任何一個奇跡都真正擁有足夠的證據。我們知道即使是親眼所見也可能判斷錯誤,或者是被人有意欺騙。許多人都有過這樣的經歷:同是曾經在事情發生的現場,自己對事情的描述與另一個人的不一樣,而且往往是在事情發生之後的一兩天之內。我們知道的許多奇跡事件都是通過他人轉述,而這些人也並不是目擊者,並且在通過文字或口頭進行轉述時已是事情發生許多年之後。這樣的描述有許多都出自宗教信徒之口,而該宗教正是利用所謂的奇跡來支撐自己。法庭可能會認為這樣的目擊證人實際上

是非常不可靠的——有些時候，因為這些證詞根本不可靠，法庭根本就不想聽他們作證。

那麼是否存在不引人懷疑的對奇跡的描述？要回答這個問題，聽起來我們似乎需要翻遍所有有文字記錄的歷史資料。但是休謨認為這樣做沒有必要，因為並不是說奇跡發生的可能性必須相當小，而是說奇跡必須在某種意義上是不可能的，即違背自然規律的（並不僅僅是奇妙的……而是真正神奇的）。這就是休謨對奇跡所下的定義，也是他希望讀者能夠接受的定義。這個定義使我們可以用一種略微不同但是卻更具有決定性作用的形式來再次表述休謨的觀點，這種形式也是休謨喜歡的形式。

我們得到關於某件被視為神奇的事情的報道——方便起見，我們稱這件事情為事件——並且被要求相信事件發生過，相信事件的發生違背自然法則。既然我們有足夠的理由來相信這樣一件事情的發生是違背自然法則的，那麼它肯定與我們自身的經驗不符，與我們最熟悉的關於自然如何運轉的理論不一致。但是如果上述說法成立，我們就必須擁有絕對充份的理由才能相信事件並沒有發生——實際上，這樣的理由必須是我們曾用來證實任何這類事件的確發生的最充份理由。

那麼反過來，我們又有甚麼理由相信事件的確發生了呢？回答是對事件的報道，即據說事件的確發生

這一事實。那麼對事件的報道是否有足夠的力量擊敗反方的理由，讓人們相信事件曾經發生，也即使事件最終獲勝呢？不，休謨說，（從理論上說）報導的說服力與其他理由的說服力不相上下，但是絕不可能比其他理由的說服力強。可能有這樣的情況：一些地位足夠高且有良好聲譽的證人在合適的環境下提供證據，那麼根據自然法則（心理學法則），這些證據必定是真的。但是這僅僅意味着我們有最充份的證據來相信或質疑「事件」的發生，真正明智的做法則並非相信奇跡的發生，而是困惑和猶豫。

圖5　5世紀繪畫作品中描繪的關於麵包和魚的奇跡。為五千人提供食物？還是為人們提供思考的養份？

注意上段括號中「從理論上說」這幾個詞。休謨認為在現實生活中我們還沒有發現這樣的情況，並且給出了一系列理由進行説明。如果休謨生活在我們的時代，他可能會補充一點：心理學研究已經發現一些驚人的事實，説明人類的記憶和人類提供的證據不可靠，但是並沒有跡象表明心理學界正在集中力量研究在怎樣的條件下，人類記憶和證據的可靠性才能完全得到保證。考慮到休謨列出的擾亂性因素涉及的範圍，我們也不應該期望心理學研究能做到這一點。

　　實質上，上面所寫就是休謨的觀點。毫不奇怪，他的觀點引發了大量爭論，而且爭論現在還在繼續。下面就略呈兩點，以使讀者窺見一斑。這些內容同時也巧妙反映了心理學討論乃至一般性的辯論中經常出現的兩個特徵，因此很有必要關注一下：一方面，有些批評意見儘管本身完全正確，卻會遺漏一些論點；另一方面，有些反對意見則認為往往一個論點被用來「證實太多的東西」。

　　我們可以説休謨的觀點是在相信奇跡發生的可能性必須(至少)相當小的基礎上得出的，但是難道他的反對者們不會否認這一點嗎？畢竟，他們是相信奇跡的。因此儘管他們也許會認為——借用休謨自己的例子——伊麗莎白一世死而復生的説法遠不值得認真考慮，正如休謨本人會認為的，但考慮到他們心目中耶穌的形象，他們可能會認為所謂的耶穌復活的奇跡根

本不是不可能的事。但是在反駁這些反對者時，休謨難道沒有回避這個問題的實質——與其說是證實了他們是錯誤的還不如說僅僅是假設他們是錯誤的？

但是我們應該從休謨的角度出發這樣回答：上面誤會了休謨正在做的事情。休謨正在問的是，有甚麼原因首先使得人們形成各種宗教信仰。一旦這些觀點已經形成，世界看起來會完全不一樣，不同的觀點似乎也都是合理的——關於這兩點休謨在任何時候都不會有異議。他也沒有必要對此有異議，因為這兩點對是否能夠證實奇跡的發生，「從而為一種宗教體系的形成奠定基礎」這個中心問題毫無影響。

綜上所述可見，第一種反對意見僅為無的放矢，但是第二種反對意見不同，它給休謨帶來了更多的麻煩。難道他的觀點不是在表明，改變自己關於自然法則的看法永遠都是不合理的？但是這種改變恰恰是科學進步的主要途徑，因此如果這種改變違反理性，則任何關於相信奇跡存在是違反理性的指責看起來都會變得不那麼重要。「如果我不比牛頓(Isaac Newton)、愛因斯坦(Albert Einstein)之流差，」信仰者們會說，「那麼我根本無所謂。」

為甚麼人們可能會認為在此情形下休謨的論點有些過份？好吧，假設我們有充份的理由相信某事是自然法則，因為到目前為止我們所有的經驗都與之一致，而且當前最先進的科學理論也證實了這一點。現在，再假設一些科學家提供報告說自己的實驗結果與

之衝突。那麼，休謨的觀點難道不會讓我們當場就拒絕接受他們的報告嗎？如果說我們有證據證明他們報告中所述的事情不可能發生，那麼這些證據就跟我們所能找到的其他任何證據一樣充份；而從問題的另一方面考慮，我們只擁有——科學家們提供的證據。這不就剛好與休謨關於奇跡的描述所討論的情形完全一樣嗎？

休謨在動筆時似乎是想預先提出一些批評意見：「因為我承認，如果是另一種情形(即當這個問題並非關於某種宗教體系形成的基礎時)，可能就會出現奇跡——違反正常自然規律的事，這種奇跡允許通過人類的證據來進行證明……」隨後休謨又描述了一種假設(哲學家們經常使用假想的例子來驗證某個觀點的說服力)：在所有人類社會中都有關於一次長達八天的黑夜的描述，而且黑夜甚麼時候開始、甚麼時候結束，都完全一致。接下來，休謨又說，顯然我們應該接受這種描述，並且開始思考這個非同尋常的事件可能是由甚麼引起的。不過休謨沒有明確告訴我們舉這個例子能使問題有甚麼不同，而這一點正是我們需要知道的。

我想如果我們就這一點挑戰休謨的話，他應該可以回答得更好，當然也更清楚。他也許會說，在我剛剛勾勒的情形下(倒數第二段)，科學界大概不會相信所給的描述，並且在幾個科學家重複這個實驗並得出幾乎一致的結果之前都會極為理智地不予相信。這

時，對所作描述的相信已不僅僅是簡單的證據問題，同時也關乎大範圍的觀察。我們可以要求科學實驗的結果能夠重複驗證，我們也的確是這樣做的，但是我們無法要求奇跡再次發生。當奇跡出於某種原因無法再次發生時，那些堅持認為奇跡不可能發生的人很容易自圓其說，而我們則應該謹慎對待科學發現，一如對待宗教問題那般。

儘管我們無法完全肯定，但也許這就是休謨想要說的。在他所說的假設情形中，所有的文化族群中都能找到關於一次黑夜長達八天的說法。在那個信息交流緩慢、不便，並且很可能產生片面性或錯誤的年代，他可能是這樣看待自己的這個故事的：毫無疑問，其中所有不同的族群都是獨立觀察並最終得出幾乎一致的結果，因此整個情形就相當於幾次重複同一個實驗並得出幾乎一致的結果。正如我在段落開頭所說的，我們無法完全肯定——即使是休謨，探討這個問題的世界上最優秀的哲學家之一，也並非一直都很肯定。但是我們能夠完全肯定的是，休謨想說的遠不止這些。前文引用了休謨的一個假設，在這個假設所在段落的結尾我們看到這樣一句話：「也許，通過如此多的類比，自然的衰敗、腐爛和消散這些事件可以這樣解釋：任何看起來有可能導致這種災難的現象都能通過人類的證詞得到證實，如果這些證詞來自多方且相當一致的話。」

或者換句話說，所謂的八日長夜的確非同尋常，但是自然偶爾不按常規運行並不非同尋常。所以我們沒有理由認為這樣的事不可能，因此也就無法將其與奇跡出現的情形進行比較。關於休謨的《論奇跡》，要研究其中一些細節問題須花費大量時間，而且有許多人已經花費大量時間來研究了。但是我們的哲學之旅要繼續往前了。

第四章
我是甚麼？
一個佚名佛教徒對自我的思考：彌蘭陀王的戰車

對於印度哲學典籍，一般來說我們對其作者的了解都不多。如果我們知道這些典籍的作者的名字、他們生活的地域，如果我們能把他們在世的年代範圍精確到五十年之內，這便是獲得了學術上的一種成功。但是就《彌蘭陀王問經》*一書而言，學術領域還沒有獲得這樣的「成功」——對其中提出的問題，我們幾乎一無所知。書中，一個名叫那先的比丘與一位侯王辯論並且回答侯王的問題。那先可能是個真實的人物，不過後來被傳奇化了。而彌蘭陀王(Milinda)一般被認為就是米南德(Menander)，自亞歷山大大帝征服印度之後印度西北部歷任希臘統治者之一。但是即使這些也只是人們的猜想——既然如此，還是讓我們直接來看這部典籍吧。

略看幾行，我們就會大吃一驚。我們知道，柏拉

---

* 「彌蘭陀王」原文Milinda，又譯為「麥南德」、「彌鄰陀王」或是「美南多羅斯王」。《彌蘭陀王問經》是南傳佛教巴利文譯本的譯名，漢傳佛教譯為《那先比丘經》，梁啟超在《佛學十八篇中》就譯為《那先比丘經》。

圖《格黎東篇》中幾乎所有的構成元素在大部分讀者看來都是相當熟悉的。休謨在《論奇跡》中着眼於從日常生活中關於證據的觀察結果，以及對奇跡的一個並不讓人感到吃驚的定義出發，提出觀點，最後得出一個非同尋常的結論，並且表明得出這個結論是必然的結果。但是作者們有時會採用不同的策略，提出一個坦率地說似乎很荒謬的主張，將我們直接扔到了深刻的一端[*]。我們要學會坦然處之，繼續往下讀，並盡力找出這個荒謬的主張到底意味着甚麼（也許它的真實意思就寫在字面，也許它不過是用一種非常的方法來言說某件不那麼令人驚訝的事情），哲學家們為甚麼要提出這個主張。注意「哲學家們為甚麼要提出這個主張」包含兩層意思，兩層意思都很重要：一是他們認為這個主張正確的原因，二是他們對這個主張感興趣的目的，即他們想要得到甚麼。所有這些都與我們下面將要探討的這段內容密切相關。

　　首先來看讓我們吃驚的事情。兩人聚集在一起，王問那先的名字，那先告訴他：「陛下，人們叫我那先。」但是他隨後又加了一句說「那先」一詞只是「一個名字而已，因為並不能找到這樣一個人」。他的話是甚麼意思呢？你可能會認為那先是某個人，這個人剛剛告訴彌蘭陀王自己的名字，但是馬上你又發現這個名字不是一個人名。所以那先終究不是一個

***

[*] 見第一章。

人，即使他剛剛才告訴王自己叫甚麼名字，其他僧人是怎麼稱呼自己的。這裏面到底是怎麼回事呢？

王顯然是精於此類討論(而且也精通佛法)的，他並不灰心，而是繼續深入問題的核心。他認識到那先並不僅僅是在說他自己，而是希望自己提出的觀點(無論這個觀點是甚麼)同樣適用於其他所有人，所以王開始從那先的觀點中推演他認為是荒謬的結果。如果那先所說的是對的，那就沒有人曾經做過任何事情，不管是好事還是壞事；也沒有人曾經取得過成功，遭受過任何痛苦。也沒有謀殺這類事，因為根本沒有人死去。然後，王又就那先的身份開了個小小的玩笑：沒有人給那先講過經，也沒有人授予那先比丘的稱號。這種策略在所有的辯論中都是常用的：這裏有許多事情是我們大家都會毫不猶豫地認為是正確的，那麼那先是在說這些事都是錯的嗎？或者他打算告訴我們，如果我們正確理解他的觀點就不會得出這樣的結果了？那先從未正面回應過這個挑戰。到這章的結尾他給了一個暗示，從中我們可以想像出如果那先當時正面回應的話，他會說些甚麼。但是這時王繼續說話了，使用問答的形式，如同柏拉圖的許多對話。

彌蘭陀王在這段中的提問是建構在佛教「五蘊」教義之上的。「五蘊」認為人是由五大元素構成的複雜體。彌蘭陀王稱這五大元素為物質形式、感覺(通過感覺這些元素似乎明白了甚麼是快樂、甚麼是痛苦、

甚麼是漠然)、感知、精神構成(即我們的脾氣和性格)以及意識。這五種元素到底是甚麼我們無須費神,只要大概理解就行了:關鍵是人不能等同於其中任何一種元素。

只要稍作思考,我們大部分人可能都會這麼說。我們就是我們的感覺嗎?不,我們是擁有那些感覺的人,而不是感覺本身。我們是我們的感知嗎?也不是,原因同上。我們是我們的脾氣性格嗎?當然也不是,因為脾氣和性格是以某種方式行事的傾向,我們不是那些傾向本身而是具有這些傾向的人。同樣,我們也不是意識,甚麼是有意識的,我們就是甚麼。不過,其中第五種元素(彌蘭陀王其實是把這種元素排在第一位的)也許會更有爭議。物質元素,即身體,難道就不可能是那個擁有意識、脾氣、感知和感覺的東西?實際上,當那先被問到是否那具軀體就是那先時,為甚麼他很快就說不是呢?

如果有人提出一個似乎顯而易見的觀點,這個觀點對你來說又好像根本不是顯而易見的,那麼尋找其背後深藏的未被説出的東西就不失為一個好策略。也許他們假設一個自我,即一個人必須是某種純潔崇高的東西——注意王在提問之前不遺餘力地描述了身體的令人厭惡之處。也許他們假設自我與身體不同,自我必須是永恆不變的東西,甚至還能夠超越死亡。這兩種假設要麼源自之前的哲學或宗教概念——我馬上

還會談到這一點，要麼源自下列觀點：物質本身並不運動(只是將自身的一部分留在周圍，看自己移動了多少)，而動物是運動的──因此其內部肯定有某種非物質的東西使其物質部分運動；或者，即使物質本身是運動的，但是它無法連貫地運動，它的運動沒有方向性，也不能隨機應變──因此身體需要有某種東西來指引自己。

這些觀點早在《彌蘭陀王問經》問世之前就司空見慣。還記得蘇格拉底在《格黎東篇》中強調靈魂純潔的重要性，或者再讀柏拉圖關於蘇格拉底最後一次對話和蘇格拉底之死的《裴洞篇》，也就是《格黎東篇》後面的一篇。「停一停，」也許你會喊道，「那是希臘，我們這裏談的是印度。」沒錯，但是在印度教神聖的婆羅門典籍中(甚至更早)就能發現非常相近的觀點。我們承認，佛教曾有意識地擺脫婆羅門教的傳統。兩者的分歧主要在於動物犧牲和種姓制度(這兩點以及其他所有極端的禁慾方式，佛教都已摒棄)，但是婆羅門教的許多其他傳統觀點都保留了下來，並成為佛教出現的基礎。輪迴轉世遭受苦難的說法以及擺脫輪迴獲得解脫(佛教的涅和印度教的解脫)的希望同時是兩種宗教思想的組成部分。

知道這些也許有助於我們理解為甚麼那先比丘在面對那一連串問題時馬上就回答「不，陛下」，但是幫助並不像我們希望的那麼大，因為這些並沒有提示

我們為甚麼那先對王的最後一個問題進行了否定的回答，即那先是否是其他東西，一種與五「蘊」不同的東西。如果那先是其他任何東西，我們會希望他回答「是的，那先是與五蘊不同的東西，這種東西可以脫離軀體，然後進入另一個軀體居住，這種東西在現世有一定的感覺和感知，進入來世感覺和感知則相當不同」。但是他的回答還是「不，陛下」——那先不是其他東西。因此謎還是沒解開。彌蘭陀王接下來的回答也同樣讓人感到困惑：他譴責那先所說的是錯誤的，因為顯然「並不存在那先」。但是那先從未說過存在那先——恰恰相反，是那先自己的那句讓人感到困惑的「並不存在一個叫『那先』的人」使這場討論得以展開。

你有時肯定也會遇到像這樣的如同交通堵塞一般的困境，但是只有拙劣的嚮導才會試圖掩蓋事實。到這個階段，我們的閱讀需要一些創新性。比如：我們是該認為王就是被搞糊塗了，才對對方所說的話不理解，還是該認為王就是無法相信不存在這樣一個人，因而認為那先肯定至少會用「是」來回答自己一連串問題中的一個？既然對所有的問題那先給出的答案都是「不是」，那麼其中至少有一個答案是錯誤的，這就是當王說「您，尊敬的長老……所說的是錯誤的」時，所指的「錯誤」嗎？這兩種觀點(也許你能想到另一種)我偏向第二種，因為第二種與你閱讀整章時的感

覺更吻合。這章中，彌蘭陀王對自我的本質的看法被認為是錯誤的，而那先則糾正了他的看法。

那先糾正王的看法同樣是通過向他提出一系列關於戰車的問題(之前，那先先簡短地拿彌蘭陀王奢侈的生活方式打趣兒)。印度傳統中經常使用明喻、比較和類比。在遭遇疑難問題時，如果聽者開始把這個問題看作與自己熟悉的其他事情類似，或同屬一種類型，那麼他就會感到更加自如。這裏值得期待的是：一旦王都用「不」來回答所有關於戰車的問題，那麼他也就會明白為甚麼那先用同樣的方式來回答他提出的關於人的問題。

到這章的結尾，王的確明白了。然而還是讓我先來談談一些只研究這個文本無法揭示，但卻肯定會對像彌蘭陀王一樣具有學識和智慧的人產生影響的東西。那先把戰車與人相提並論，讓人清晰地想起在兩人共同的哲學背景中大家都很熟悉的一個暗喻，但是與此同時，那先的比較又與這個暗喻驚人地不同。

柏拉圖曾經把自我比作戰車，這點眾所周知。早在柏拉圖之前，印度哲學傳統中的《卡達奧義書》也作過同樣的比較(見參考書目)。現在輪到那先了嗎？並不完全是。似乎作者*是在影射這種傳統，從而正好突出自己的反對意見。柏拉圖書中寫到一個戰車手在努力駕馭一匹溫順的馬(理性)和一匹不羈的馬(慾

---

* 指《彌蘭陀王問經》的作者。

圖6、圖7 戰車的形象。在印度宏大的敘事詩《摩訶婆羅多》非常有名
的一個場景中,阿周那乘坐黑天女神克里希娜駕馭的戰車。克里希娜不
僅是他的車夫,同時還是他在道德方面的指引者。希臘神話中英雄赫拉
克勒斯手持韁繩,雅典娜女神在一旁守護着他。

望），而《卡達奧義書》則將自我比作乘坐戰車的人，將智力比作指引感覺的車手，並將感覺比作馬。那先沒有提到馬，更重要的是他沒有提到戰車手，更沒有提到與其有所區別的乘車人。那正是那先反對的畫面。沒有永恆的存在，即沒有自我來指引方向或是進行監督。作者使用戰車這個神聖的比喻，但是用法與前人有所不同：他是在將自己的觀點傳遞給自己所處的文化圈，同時又向其表明自己所反對的東西。

因此那先比丘使用完全一樣的方法詢問王：「車軸是戰車嗎？——輪子是戰車嗎？……」彌蘭陀王的回答都是「不」。這並不令人吃驚。那先為王的問題給出的答案也並不讓人感到吃驚，但是最後一個問題除外。同樣，彌蘭陀王其中的一個回答也讓幾乎所有讀者都感到吃驚。不過這次不是最後一個問題，而是倒數第二個問題。那先問那麼戰車「是不是旗桿、車軸、輪子……韁繩和刺棒的總和」。大部分人都會説「是的；只要我們所指的不是散落成一堆的零件，而是正常拼裝組合好的，那就是一輛戰車」。但是彌蘭陀王還是回答「不，尊敬的長老」。

我們很快就能發現這個相當奇怪的回答之後隱藏的東西。現在還是讓我們注意一點：王在用「不」回答了所有的問題之後，已經把自己置於一個與那先剛才所處的一樣的情境之下。那先馬上以其人之道還治其人之身，用彌蘭陀王先前問自己的話進行反問：

「那麼你所說的你乘坐來這兒的戰車在哪兒呢？陛下，您所說的是錯誤的……」——那先贏得了一陣掌聲，即使是彌蘭陀王的支持者也為他鼓掌。但是王並不服輸。那並沒有錯，他說，因為「正是有了旗桿、車軸……和刺棒，『戰車』才能存在，但是只是作為名稱而存在」。正好一樣，那先回答說，「那先」也只是作為名稱而存在，因為五「蘊」都在。隨後他又引用比丘尼金剛的話：

> 部件正確裝配
> 就可以說有一輛「戰車」
> 同樣，只要存在五蘊
> 按傳統，就可以說存在「一個人」

國王為之折服。這章就在愉快的氣氛中結束了。但是兩人到底在哪些方面達成了共識呢（你也許會問）？是關於「戰車」「自我」「人」「存在」以及「那先」是約定俗成的術語嗎？那麼難道不是所有的詞語都是約定俗成的嗎——同樣表示「奶牛」的意思，不管當地的習慣如何，英語是用cow，法語用vache，波蘭語用krowa？還是他們要告訴我們的肯定遠不止這些？

的確遠不止這些。他們要告訴我們的不是關於語言的約定俗成性，而是關於整體及其組成部分；重要

的是從某種意義來說，與構成整體的部分相比，整體不那麼真實，不那麼客觀，反而更像是一種常規性的東西。首先，部分在某種意義上可以獨立存在，而整體不行：沒有戰車時車軸可以存在，但是沒有車軸就不存在戰車。〔正如德國哲學家萊布尼茨(Gottfried Wilhelm Leibniz, 1646–1716)後來所說，整體擁有的只是一個「借來」的真實存在，從組成整體的各部分的真實存在那裏借來。〕而且，決定怎樣才能構成整體的不是自然，在某種程度上持決定權的是我們以及我們的目的。如果我們將戰車的旗桿和其中一個輪子移走，那麼所有剩下的零件構成的集合本身並非不完整，但是就我們希望戰車所起的作用而言，這個集合就變得不完整了。

那麼為甚麼所有這些都很重要呢？為甚麼那先要首先發起這場對話呢？並不僅僅是為了消磨時間，我們對此大概很清楚。這一點對他很重要，因為他認為信仰能影響我們的態度，從而影響我們的行為。這當然完全合理：比如，對於那些認為「上帝」這個詞代表某種真實事物的人，我們會期待他們的感覺——也許還有行為——與那些認為「上帝」只是一種約定俗成的言說方式的人不同。說得更專業一點：我們的形而上學觀(我們對現實的根本看法)會影響我們的倫理觀。這裏，從佛教的觀點來看，哲學的目的(實際上是佛教的目的)是減輕苦難；如果無法減輕苦難，哲學就

毫無意義了。造成苦難的一個主要原因是過份估計自我、自我的需求以及自我的目標的重要性：「執着於自我」，正如佛教徒們所說的。因此如果信仰改變能夠降低我們心目中自我的地位，那麼任何這樣的改變都是很有用的。某部藏文典籍中有一段話說：「相信自我是永恆的、獨立的，你就會依戀自我；⋯⋯這就會導致各種褻瀆行為，這些褻瀆行為帶來惡業，而惡業則會帶來惡報。」這就是為甚麼所有這些顯得重要的原因。

那麼我們是否能說在這章中，那先證明了他自己的觀點？他真的證實了不存在永恆的自我，存在的不過是一個可被方便地稱為人的多變的復合體嗎？當然沒有。即使我們接受了他和彌蘭陀王所說的關於戰車的所有觀點，我們還是得爭論只有在考慮到人的時候，這個戰車的比擬才是可靠的；但是從這一點來看，那先甚麼也沒說。因此跟其他大部分使用類比的情況一樣，這個類比可以有效地說明或解釋關於自我的學說的意義，但是並不能作為證據來證明這個學說是正確的。我們同樣也並未從中得知為甚麼那先在面對王的最後一個也是非常重要的一個問題——那先是與物質形式、感覺、感知、精神構成和知覺分離的(不同的)嗎？——時，給出了那個極為重要的答案(「不，陛下」)。而對於這個問題，支持有永恆的自我存在的人會回答是。

因此我們暫時得出的結論肯定是未經證實的。但是我們也許會問自己，這個問題(那先是否證明了他自己的觀點？)問得是否恰當。如果我們是在試着明確自己關於自我本質的看法，那麼也許問得恰當；但是如果我們只是想弄清我們所讀的這章中發生了甚麼，也許就不恰當了。記住這只是為我們提供古魯(guru)——權威的精神上師——的傳統哲學的一個分支。在那先看來，關於他所談的問題，堪為權威的最終應該是佛的話，而他自己的任務則是用活潑易記的話語來傳遞正確的學說。要做到邏輯嚴密，最好是讀像休謨這樣的哲學家的作品；這於休謨是合適的，因為他才是真正想做到邏輯嚴密的人。

一些讀者可能會一直心存擔憂。佛教徒和印度教徒一樣相信重生——現世的達賴喇嘛是前世達賴的轉世。但是如果在五「蘊」之外不存在自我，重生的又是甚麼？從一個軀體移入另一個軀體居住的又是甚麼？他們是如何在這兩種學說之間平衡的？此處我所能說的是：他們完全明白這些問題的存在，因此導致了更多的佛教玄學的產生。但是我們的哲學之旅太過短暫，甚至連這些玄學的皮毛都不能談及。不過如果你手頭有參考書目中所列的那本《彌蘭陀王問經》，不妨翻到第74至75頁，讀一讀「轉世和重生」那部分——準備好來感知其神韻吧。

第五章
一些主題

前面所舉三例談到了一些根本的主題，這些主題所涉及觀點的重要性超越了任何單個文本或與之相關的任何單個流派與時期。接下來，我將挑選其中六個進行重點介紹。一個問題的提出以及(也許還有)回答有其特定的歷史語境，那麼這個問題在何種程度上能被視為是名正言順地從其特定的歷史語境中抽象出來的，這本身就是個哲學問題，而且並不簡單。在本章結尾部分我將談到一些這方面的問題。

倫理的後果主義

千萬別被標題嚇壞。這不過是關於結果決定事情好壞的一種學說的名稱。在《格黎東篇》中，正如我們所看到的，蘇格拉底在權衡採取不同行動可能帶來的不同後果，即給他的朋友、孩子以及他本人帶來的結果。當然，同時也有對過去發生的事情的考慮，而不是對將來結果的考慮：他過去的行為意味着他現在要對國家履行職責，這就要求他服從裁決並接受懲

罰。在那章*的結尾我曾建議：哲學家們想要解決我們的道德問題，首先必須使我們相信道德問題實際上沒有看起來那麼複雜。其中的一種努力就是提出後果主義：沒有任何道德上的理由是向前看的，合適的道德上的理由都是看我們行為的後果。

因此後果主義的觀點是，如果某事帶來好的結果，這件事就是好的，如果帶來壞的結果則是不好的。但是，你馬上會注意到這並不能說明多大問題；我們仍然需要知道甚麼樣的結果是好的，甚麼樣的結果是壞的。僅僅重複公式(聲稱：結果是好的因為這個結果自身會帶來好的結果)不能讓我們更進一步。一個後果主義者必定願意提出一些其本身就是好的事情或事態。這樣，好並不在於擁有好的結果——好的就是好的。其他事情好只好在這些事情最後引發了它們——那些本身就是好的事情。

這就意味着後果主義並不是指某種單一的倫理學說，而是一種寬泛的學說。甚麼被認為是本身就是好的事情，後果主義就以甚麼樣的形式出現，不管其具體形式如何千差萬別。如果你認為唯一一件本身就好的事情是快樂，那麼你的生活就與那些認為唯一一件本身就好的事情是知識的人決然不同。因此，即使我們都承認自己在倫理上是後果主義者，我們之間一致的東西還是幾乎沒有。

---

* 指第二章。

到這裏你可能會疑惑為甚麼我們要排除其他一切：為甚麼不能讓各種不同的東西——比如僅舉快樂、知識、美和愛幾項——同時都是本身就是好的？這聽起來非常合理。但是如果我們想要的是一種讓我們很容易就能決定自己應該做甚麼的道德理論，這樣做就朝錯誤的方向邁進了一大步。一旦我們同時考慮一個以上的基本價值觀，我們必定會發現這些價值觀有時會互相衝突。我可能常常會處於提倡一種(即做那些會帶來那種結果的事)或另一種價值觀的情況，但不會同時提倡兩種價值觀。那麼我應該選擇哪種價值觀呢？如果蘇格拉底必須在拿朋友的生命冒險與影響孩子的教育之間選擇，他應該選甚麼呢？幸運的是他不用在這兩者之間選擇！如果我們能夠只堅持一種基本價值，並用是否能帶來這種基本價值去衡量所有其他事情的好壞，那該多省心呀。

那麼，存在此類關於倫理的理論也就不足為奇了。其中出現較早，也是非常值得一讀的是伊壁鳩魯[*]（前341–前271）的理論。伊壁鳩魯（Epicurus）和他的追隨者們認為，唯一一件本身就具有價值的事是快樂。不要認為他跟你說快樂就是指縱慾狂歡、美酒宴會，並時不時在私人島嶼的沙灘上休息。他所說的快樂根

---

[*] 古希臘哲學家，注重單純快樂、友誼和隱居的倫理哲學的創始人。伊壁鳩魯的快樂論認為快樂是選擇一種行為或決定一種選擇的唯一標準。(引自《簡明不列顛百科全書》第八卷)

本不是指這些，而是指沒有痛苦，無論是在肉體上還是在精神上。他認為，這種完全無憂無慮的狀態便是最快樂的狀態。我們聽到快樂一詞馬上想到的卻與此完全不同，而且並不比這讓人感到更愉快。伊壁鳩魯似乎曾經機敏而充滿智慧地為他的這個觀點，以及他提出的如何達到並保持這種理想狀態的建議而辯護。我說「似乎」是因為我們幾乎沒有看到伊壁鳩魯親筆所寫的作品。儘管他著述頗豐，但我們對他的了解基本來自後人的描述。

另一種此類理論比較現代也更易理解，是由密爾（John Stuart Mill）*（1806–1973）在他那篇著名的《功利主義》中提出的。在文章中，他將伊壁鳩魯列為曾對自己產生影響的哲學家之一。密爾宣稱唯一一件本身具有價值的事就是幸福——他給幸福下的定義是「快樂並且沒有痛苦」（儘管他並不像伊壁鳩魯那樣認為遠離所有痛苦本身就是最大的快樂）。但是密爾的觀點與伊壁鳩魯的觀點有一個重大區別。伊壁鳩魯似乎更關心為人們提供建議，使其最大限度地獲得他們自己的快樂或平靜，而密爾是個社會改革家，他的倫理原則旨在提高所有人的生活水平(即幸福)。（佛教發展史中同樣也有類似的分歧：最高理想是個體得到涅，還是讓所有的人，包括個人自身在內，都得到涅？）伊壁鳩魯主義聲稱：「得讓每個人都設法遠離痛苦和焦

---

* 英國哲學家、經濟學家和邏輯學家。

慮。」雖然再加一句可能會更好：「幫助身邊的人遠離痛苦和焦慮也許能幫助自己也遠離痛苦和焦慮——如果確實如此，幫助他們吧。」相比較而言，密爾的首要目標更寬泛，就是獲得幸福。因此所有人的幸福和你個人的幸福一樣，都是你的目標，一個人的幸福與任何其他人的幸福一樣，具有同樣的價值。

圖8　大英博物館中伊壁鳩魯的大理石頭像。

　　密爾的抱負超越了他自己所處的社會——他甚至還在作品中寫過要改善全人類的狀況。這是典型的維多利亞時期，即處於巔峰時期的大英帝國公民的做法（密爾本人曾為東印度公司服務三十多年）。但是，把

密爾看成是企圖干涉他人道德觀念的帝國主義者是不公平的。他並不想告訴別人怎樣才能得到快樂，而只想告訴大家人人都應該獲得物質資料，接受教育，並擁有政治自由和社會自由，從而用自己的方式獲得屬於自己的快樂。許多人會因為密爾的基本倫理原則中的普遍情懷而心生敬意。另外一些人則可能會懷疑要求人類的道德關懷針對所有人，範圍如此之廣又如此不偏不倚，這是否現實？我們能做到嗎？如果我們的確試着這樣做，生活會是怎樣？

這些問題，尤其是第二個問題，使一些哲學家認為密爾的學說與另一種價值觀衝突，這種價值觀幾乎在所有人看來都很重要。在《格黎東篇》中，我們已經發現這種價值觀起作用了。

正直

你應該記得，對蘇格拉底影響很大的一件事是他在接受審判時選擇的那條道路。既然他在獲得機會選擇死刑以外的其他處罰方式時就明確拒絕了流放這種方式，那麼現在他怎麼還可能再選擇流放呢？「既然命該如此，我就不能拋棄自己先前的主張。」作為一位戰士，他在法庭上說，他會直面死亡，而不是錯誤行事；他不會僅僅為了延長自己的生命而做在自己看來是錯誤的事。

這些思想抓住了正直這種美德的中心內容。正直

意味着完整一致*，正直作為一種價值觀意味着生活應該是完整的而不是一串互不關聯的片段。因此正直要求堅定不移地遵守原則，堅守自己的觀點，除非出現新的理由或證據。與此相關（這同樣也適用於蘇格拉底），正直還包括堅持不懈地追求那些已選定的能夠賦予生活目的和意義的事業。另外，正直還將自我欺騙、虛偽這些與人自身產生這種或那種抵觸的內心狀況排除在外。

那麼正直的理想在何種程度上才能與密爾的功利主義一致呢？有人認為兩者沒法達到完全一致。因為不管過去你多麼堅持某個原則，這一事實本身並不能給你任何理由現在繼續堅持——如果我們認真而平實地對待密爾的處境的話。如果過去你堅持這個原則一直都能得到滿意的結果（用幸福程度來衡量），那麼這一事實至少可以給你一定的理由認為，繼續堅持這個原則還能得到滿意的結果——這正是現在繼續堅持這個原則的一個理由。但是不管你多麼堅持這個原則，不論它在多大程度上已經成為你人格的一部分，堅持原則本身並不能成為理由。反對功利主義的人質疑我們是否能夠真正帶着這種思維方式生活。

你可能會懷疑功利主義者在面對這種質疑時是否能夠為自己辯護。如果不能，那麼不僅僅是對功利主

---

* 　「正直」的英文對應詞 integrity 又有「完整」「完全」之意。——編註

義者，對於其他類型的後果主義者來說，情況看起來都是糟糕的。因為在這最後一段，以快樂為標尺來衡量結果的好壞已不重要。如果有可能，我早就在不影響陳述觀點的前提下選擇其他因素而不是「快樂」為標尺。因此，這樣做實際上是對後果主義的一個攻擊，而功利主義只是後果主義的一種。所有認為這種攻擊能駁倒後果主義的人都必定會接受這樣的說法——行為的結果（至多）只是其價值的一部分，而要決定這個行為的好壞大概需要你主觀地在全然不同的各種因素之間進行權衡。

政治權威——契約理論

國家要求其成員履行某些義務，這種要求如果來自個人肯定會引起強烈的反感。比如，納稅即是如此。為甚麼國家可以將我自己的部分收入拿走，而個人即使只是有這個企圖，也會被判犯有勒索罪或是「威脅他人以獲取錢財罪」？是不是國家只是僥倖逃脫了——顯然國家才是我們身邊最大的威脅？

現在的大部分政治理論家都認為國家的確擁有一些合法權威，但是這種權威究竟有多大還沒有達成一致意見，換句話說，就這種權威在合法性邊界內能擴展到甚麼程度這個問題而言，很少有一致的意見。實際上存在着各種各樣的意見：極權主義的觀點賦予國家權力，使其凌駕於個人生活的方方面面；權力最小

化的觀點則認為國家只需為保持國內和平、確保各成員之間訂立的契約得到實施做一些必要的工作即可，除此之外幾乎無他。但是除了極個別將國家權威置於標尺最末端(認為「國家根本不具有任何合法權威」)的人之外，每個人都面臨以下問題：這種使國家凌駕於個人之上的權威是如何產生的？

其中一種答案歷史悠久——在《格黎東篇》中我們已經讀到了這種答案的一個版本，它認為這種權威源自個人與其所屬國家之間訂立的契約或協議。這是一個很自然的答案。一個人會同意並承認另一個人(在某個行為領域)擁有權威，因為他發現這樣做(自己)能獲得很大的利益，對這種利益進行回報亦然。大部分人會接受這樣一點：只要在協議範圍內，並且只要這個協議是自願簽訂的，該協議便會使他人對自己行使的權威合法化。儘管這種答案很自然，但它並非唯一值得我們思考的答案。另一種答案認為強者理所當然擁有凌駕於弱者之上的權威；只要其行使是為了弱者的利益，這種權威便是合法的。打個比方，這就很能說明為甚麼父母能對幼兒施行權威。但是如果我們讓弱者來評判自己是否從中受益，便相當於在說只有得到弱者承認，這種權威才是合法的。這樣我們便回到一種類似「默認」的理論，正如雅典城邦和法律用來反對蘇格拉底的理論一樣(見前面第27頁)。我們或者承認是強力使權威合法化(「強者即權威」)，或者承

認是上帝賦予某些人或機構權威（「王權神授」），否則很難避開這樣或那樣的契約理論。

根據對「誰與誰訂立了甚麼契約」這個問題的不同回答，契約理論有幾種不同的表現形式。既然我們在談個人對國家所負的責任，我們可能會設想每個人作為個體一定都應該受契約約束（這似乎就是蘇格拉底在《格黎東篇》中所表現態度的大致意思）。不過有些理論家在作品中認為前人或是社會的創立者才應該受契約約束，似乎這樣就足夠了。不過，先拋開上面這個問題不說，契約的簽訂是針對整個社會的嗎（因而你也簽訂契約同意與整個社會集團的決定保持一致，因為你本人也是這個社會集團的成員）？或者契約是與某個或某些擁有至高無上權力的人簽訂的，而你是效忠於這些人的？你會發現這會在憲法方面造成巨大差別——從社會民主政體到君主專制政體。

那麼究竟甚麼是契約？在甚麼情況下個人能夠正當認定契約已經終止？霍布斯（1588–1679）著名的契約論（在第八章我們還將再次談到）認為參與契約的個人能合法要求的唯一好處是他們的生命受到保護，因為政府結束了未制訂契約前的那種謀殺泛濫、偷竊成災的無法律狀態，並在受到攻擊時組織人們進行自我防護。如果得不到這點好處，那麼一切都免談；反之，個人就得無條件地接受契約約束。

伊壁鳩魯說過一句相關的話：「一個人如果知曉

如何有效應對來自外敵的威脅，必然會盡可能將身邊所有的人組成一個大家族。」甚至霍布斯也賦予家族某種天生的豁免權，認為其可以置身一切人反對一切人的戰爭之外。在危難時期，家族作為一種組織最有可能團結在一起，是合作與忠誠的最佳典範。(有些讀者可能認為這種觀點已經過時——不過他們這樣想也許是因為他們的生活比較舒適，或者說他們所在的地區生活比較舒適。)柏拉圖曾為理想國家下過定義(見《理想國》)，他實際上將家族排除在外——毫無疑問他見過太多的以家族為單位滋生的陰謀以及腐敗。家族內部存在大量凝聚在一起的小團體，這必然會威脅到國家的權力及其保持和平的能力。如果需要有家族存在，那麼最好只有一個——伊壁鳩魯的話就表明了這一點，而國家(回頭看《格黎東篇》50e及其後內容)應被看作是所有人的父母。

證據和理性

如果具備一定的推理能力，那麼你已經擁有理性。這種推理能力即在知道一定的真理之後，推斷出如果這些真理的確為真，其他還有甚麼也可能是真的；也許還要推斷出這種可能性有多大(儘管這樣做需要更大的理性)。休謨在《論奇跡》中說智者根據證據的多少來決定自己信仰的深淺，理性就是這樣一種大腦所具備的品性。

"You promised you'd take me to throw rocks at the Cro-Magnons!"

圖9　家庭之外，甚麼事情都有可能。這就是霍布斯所說的自然狀態嗎？
（圖中文字為：「你答應要帶我去朝克羅馬農人扔石頭的！」）

　　然而，形成正確的信仰並且恰如其分地相信其正確性，這並不是理性的唯一表現。一種熟悉的情形是當你想知道某件事是真實還是虛假（「這件事是管家做的嗎？」「家裏還有麵包嗎？」）的時候。這時，如果你已經獲得了理性，理性就會展現在你的信仰中。同

樣，理性也會體現在你所尋找的證據中，而且在後者中的體現絕不比在前者中少。除了調查權之外，我們還擁有進行理性選擇的能力：有需求就採取行動，使需求有可能得到滿足。而且，雖然還有爭議，但是我們的推理能力有時還具有另一個功能：如果我們擁有目標，理性並不僅僅告訴我們應該做甚麼，而且還告訴我們應該設定甚麼樣的目標。這個棘手的問題有兩種答案，每種答案都有一位重量級代表人物：康德斷言推理能力的確能做到這些，而休謨則否認這一點。（我個人認為，休謨及其擁護者稍佔上風，儘管爭論還在繼續。）不過本章中我們還是繼續關注信仰和證據的問題。

信仰某事就要有證據，或是要能為之提供理由。為甚麼我們要關心這兩點呢？因為如果能找到證據，信仰正確的可能性就更大，我們也會更加確定自己的信仰是正確的。這兩點都很重要。我們希望自己的信仰是正確的，因為信仰指導我們的行為，而在正確信仰指導下的行為總的說來更可能獲得成功。（兩個人都想要一瓶啤酒，其中一人錯誤地認為啤酒在冰箱裏，另一人則認為啤酒還在車上，後者的想法是正確的。比較一下他們的行為以及他們成功得到啤酒的機率。）相信自己的信仰正確並堅持信仰，這樣事情更容易成功，因為在這種情況下，我們根據自己的信仰行事，不會猶豫不決。

這些都是現實生活中的問題，是在任何時候都可能影響我們所有人的問題。另外還會有一些理論問題，關注的是我們在哲學中的自我形象：我們(在某些歷史時期是我們中的一部分人)可能會從根本上把自己看作是理性的動物，認為在我們的生活中理性起着絕對重要的作用。長期以來，哲學家們都認為理性是區分人類和其他動物的重要特徵。(在緊靠《論奇跡》之前的《論動物的理性》一文中，休謨就反對這種觀點。)

理性在人類生活中起着絕對重要的作用這個觀點十分含糊，因此它不屬於那種能夠被證實或完全駁倒的觀點，嘗試去證實或反駁是不明智的。不過還是可以討論許多與之相關的內容。

第一個要討論的是古希臘懷疑論中為人熟知的內容。假設你相信某事(稱之為B)，你問自己為甚麼要相信這件事。然後你開始尋找理由(稱之為R)。這個理由R不能是你僅僅憑空構想出來的。你必須有理由相信它是真實的，這樣它才能給你理由相信B是真實的。這個進一步的理由不能是事情B本身，也不能還是理由R(否則就是用相信某事來證實某事本身的存在，這似乎就相當於只是在重申這種信仰，即通常所說的「以未經證實的假定為立論根據」)，而應該是其他——就這樣重複同樣的辯論。這就意味着信仰某事須有理由這一觀點只在局部範圍內站得住腳，一旦嘗試從更大的範圍考慮，該觀點就無法成立：這些「理

由」其實是由其他一些我們找不到理由的信仰衍生而來。為了圓滿解答這個問題，已經產生了一個完整的哲學研究領域，即認識論，或稱知識理論。

要補充一點：一些最根本的信仰，即那些我們賴以生活的信仰，是很難找到合適的理由的。舉一個人們經常討論的例子：我們總是相信事情會像以往一樣繼續，比如下一次呼吸不會讓你窒息，邁出下一步地板不會塌陷，還有成百上千件其他類似的事情。我們憑甚麼相信這些呢？不要回答說這種類型的信仰幾乎總是正確的。的確如此，但是這僅僅只是關於發生在過去的事情的一個例子而已，而我們想知道的是為甚麼我們期待將來事情也這樣發生。

因此，如果我們認為人類的信仰可以變得徹底理性、完全透明、容易理解，或者說人類只要依靠推理就能生活，我們就會面臨巨大的阻礙。但是人類的推理能力，即通過以往的信仰推斷出並獲得新的信仰的能力對我們來說至關重要，這一點是一直不變的。沒有這種能力，除了軀體的形狀之外，我們就沒有甚麼可被稱之為人的東西了。打個比方，一隻普通的猩猩也比我們強。而實際上如果我們真的沒有這種能力，猩猩也的確比我們強。

自我

第四章介紹了佛教中的「無我」學說。無我學說

認為人不是一種單一的、獨立持續存在的東西，而是一種復合體，一種由「五蘊」組成的、容易被化解的復合體，「五蘊」本身就是複雜的物體或情狀。不過我們得出結論，認為自我實際上完全是由獨立的物體聚在一起組成並且極不穩定，這並非僅僅受這種佛教傳統觀念的影響。另一種對我們產生影響的傳統觀點在現代西方被稱為「心靈束理論」，這種理論幾乎總被認為是由休謨提出的。（不過在筆者，即你們的哲學嚮導個人看來，很難肯定休謨的確是這麼認為的，只是在這裏我會繞開這個有爭論的問題。）

因此，假設有一種單一的、獨立持久存在的東西——你；只要你存在，這種東西就不變。這種東西在哪裏？審視你自己的大腦，看看是否能感覺到這種東西。你首先會發現自己正在體驗形形色色的知覺：視覺使你看到了周圍的事物，聽覺讓你聽到了周圍事物的聲音，也許還聞到一些氣味；如果觸摸旁邊的物體，還能感覺到物體的反壓力，物體的粗糙、溫暖以及其他類似的感覺。然後還能感覺到一些肌肉在用力，身體在運動。所有這些感覺隨着你自己位置的變化，以及周圍事物本身的變化而不斷變化。你也許還能感覺到腳微微有些疼，或者是額頭有些疼；你也許還感覺到自己思緒的發展，可能是一組意象，可能是腦海裏一系列零散、無聲的句子。但是在所有這些千變萬化、多姿多彩的複雜知覺中沒有「自我」這種東西不懈堅持的痕跡。

那麼為甚麼還要假設存在這種東西？這個，有人會說，很明顯所有這些經歷，即我的經歷，在某種程度上屬於一個整體。此外還有其他的經歷，這些經歷屬於你但不屬於我，這些經歷同樣組成一個整體，不過不是我的這個整體。因此肯定有一樣東西，我，我的自我，擁有所有我的經歷，但是不擁有任何你的經歷。還有另一樣東西，你的自我，擁有所有你的經歷，但是沒有任何我的經歷。

支持知覺束理論的人回答說上述理由不能成立。要將自己所有的經歷聚集在一起，並不非得是這些經歷可以替代其他東西這樣一種關係，也可以是某個關係網絡，在這個關係網絡中，所有的經歷都可以互相代替(但是這些經歷不能替代任何他人的經歷)。試想許多碎紙片因為被釘在一起而形成了一個整體(自我為中心的模式)，再試想一堆鐵屑被磁化後互相吸引，因而形成了一個整體(束理論的模式)。

你可能已經發現上述觀點(休謨1738年出版的《人性論》第一卷第四部分第六節反映出來的觀點)與第四章中《彌蘭陀王問經》作者的佛教觀點有相通之處，但是兩者也有區別，其中最根本的區別在於兩者看待身體的態度。佛教毫不猶豫地認為身體(「物質形式」)是構成一個人的五蘊之一，而18世紀時休謨的觀點則甚至懶得將身體排除在外，完全忽視了身體的存在。休謨作品中先是用了「自我」一詞，然後用了

「自我或人」的説法，後來又用了「思想」一詞，似乎這三者顯然是一樣的。因此在休謨看來，「甚麼是自我(或人)？」與「甚麼是思想？」不過是用兩種不同的方式來問同一個問題。這就是數個世紀以來宗教觀念引發的思潮變遷。這種宗教觀念深受柏拉圖和新柏拉圖主義的影響，關注靈魂和精神的東西，同時又貶低身體的東西。

還有一個重大的差別。面對一種哲學思想，質疑接下來會發生甚麼事情，即這種思想的支持者意欲何為，總是一件好事。我們看到，佛教徒是本着一種倫理的目的。「無我」理論會讓我們生活更幸福，遠離「罪惡之事」，更成功地躲避苦難。而休謨的目的完全不同，他的目的與倫理毫無關係，更多的是關於我們現代所說的認知科學。如果我們沒有感覺到持續存在的自我，那為甚麼我們還能相信自己每天都是同一個自己呢？休謨提出了一種心理學理論來解釋這個問題。(這種理論按照現代的標準來看相當幼稚，當然這並不讓人感到意外。)

我們並不是在用兩個人來代表兩個時代。但是那先比丘所處的年代是求生存的年代，而休謨所處的年代是求科學的年代。既然兩個時代的背景存在這樣的差別，那麼雖然兩種思想很接近但所起的作用卻大相徑庭也就不足為奇了。這就直接引發了我們的下一個主題。

哲學與其歷史語境

柏拉圖與霍布斯生活的年代相隔兩千年，兩個人的出身不同，生活環境也不同，他們談論的的確是同一件事嗎？現代哲學家關於自我的提問還可能與休謨一樣嗎？更不用說比休謨更早的佛教徒呢？我們談論哲學問題但並不提及問題的提出者以及提出年代，這樣就能使這些問題成為永恆的話題，使任何一個年代的思想家都能談論嗎？這種想法在現代根本不可能流行。我們反復聽到這樣的話：所有的哲學思想都是「受環境影響」的，與思想家們當時所處的歷史、社會和文化環境密切相連。

我當然不想建議大家相信一些永恆的問題一直存在，等待有人發問。但是，認為不知道發問者是誰就不存在任何問題或答案，這種觀點也許更差，至少不比前面的觀點好。這種極端的觀點之所以吸引人，原因之一是它們很簡單，帶點「哦，是，是的——哦，不，不是的」這樣的啞劇風格。真理往往位於中庸地帶，而且比極端的觀點更為複雜。你可以從多個角度切入這個話題，但是我選擇這個角度：認為一個去世已久的人的觀點為現代的論爭作出了貢獻，似乎這個觀點就是在此時此地向我們提出的，這樣做合理嗎？我想是合理的，而且我甚至還有理由認為我們應該如此看待。但是我們同時還要謹慎，最重要的是關注我們可能錯過的東西。

沒有甚麼能阻止我們從古老的文本中抄襲某個句子，看看這個句子今天是否能為我們所用。如果我們還想抄襲其中反映的思想而不僅僅是句子，那麼我們大概需要花點工夫來判斷這個句子的意思是甚麼。如果我們不打算如此，那就不要期待從中得到太多，當然也就不能貶低這個句子的作者。但是儘管剛剛才講到要避免做一些事情，我們往往還是發現這些事與我們關心的事有關，因為許多哲學思想都源自關於人類和人類生活的穩定不變的事實——不管怎樣，在過去的三千年裏這些事實都沒有很大的改變。

發現某事與自己相關是一回事，發現某事讓人信服又是另一回事。假設我們認為柏拉圖的觀點和霍布斯的觀點都不夠充份，不足以賦予國家無上的權力；這種假設有合理的地方：毫無疑問他們的論點不夠充份。但是如果我們隨後就放棄，將我們與他們之間的事情放在一邊，我們就可能犯一系列錯誤。

其中一個錯誤是，儘管我們可能理解他們的作品，但我們並不理解他們本人——他們對需要怎樣的政治思想這一點的關心，甚麼樣的環境引發了他們的關心因而使得出的結論吸引他們自己。我們可能會因此忽略文本背後的人性，同時也會忽略另一個重要因素，即哲學是為了甚麼。而且任何時候如果無法確定他們的意思，弄清他們為何會這樣說往往是解惑的一種有效方法。不關注他們的目的和動機，理解他們的話就可能有困難。

另一個錯誤是，如果我們不注意作品產生時哲學家的智力狀況和情感狀況，我們對其成就的理解就會受到嚴重阻礙。前面我就提出把哲學視為人類在感到困惑時回望來路的一種嘗試。哲學可不是故事，對哲學家們所處的環境沒有一定的了解就無法理解他們的哲學思想。

所以「這樣對嗎？」肯定不是我們應該思考的唯一問題。同樣，僅僅因為這些哲學家生活的年代久遠就全然拒絕質疑他們所說的是否正確、質疑他們的論點是否有說服力，也是不對的。畢竟柏拉圖並不認為自己僅僅是為了那個時代、那個國家而撰寫作品。相反，他一直努力將我們的注意力從暫時的東西轉移到他認為是永恆的東西上來。如果沒有認真嘗試加以評判就否定柏拉圖的那些進一步的雄心壯志，似乎就過於傲慢了(或者也許是自我保護？)。「你瞧，你瞧，他設計出他理想中的國家了嗎？多聰明的小傢伙啊！」

我希望現在你已經開始注意到一些鼓舞人心的事了。哲學著作也許浩如煙海，讓人望而卻步，但是真正的哲學主題卻並非如此。我們承認，相對於這本薄薄的小書的篇幅來說，哲學這個話題是太大了些，但也並非大到讓人無法入手。兩千年間，我們在伊壁鳩魯和密爾之間，在柏拉圖和霍布斯之間，在休謨和《彌蘭陀王問經》一書的作者之間，都發現了相通之

處。問題並不在於熟悉這些重複出現的主題，而在於當不同的哲學家為了自己的目的用自己的方式闡釋這些主題時，對他們思想的差別要有敏銳的洞察。這句話的意思是一個人對哲學的理解是日積月累起來的，而且可以積累得相當快。這對你們來說肯定是個好消息。

第六章
關於「主義」

　　無論是足球還是園藝，再到烹飪、登山以及人類遺傳學，任何一個領域都有其專門術語。哲學領域當然也有術語，不過幸運的是大部分哲學術語根本不像看起來那麼可怕。第四章中出現了「形而上學」，意指對事實的根本特徵的研究（或看法）。第五章中出現了「後果主義」，凡是根據事情導致的後果，而不是根據事情的本質或發展歷史來判斷其價值的所有理論都可稱為「後果主義」。第五章中還出現了「認識論」一詞。認識論是關於知識、信仰以及其他密切相關的概念——如原因和解釋的一個哲學研究分支。接下來我們再看一些術語，這些術語都是以「主義」結尾的。這樣做不是臨時抱佛腳，死背術語，而是想通過學習更多的術語使讀者對哲學有更深的了解。

　　大部分以「主義」結尾的哲學詞彙（如「後果主義」）都是涵蓋很廣的詞，指代某種普遍的學說。涵蓋廣則用法靈活，這就保證了這些詞能夠不斷出現，但這同時也會帶來危害。最主要的危害就是人們會濫用這些詞。不要以為你能說出某個哲學家代表甚麼

「主義」，就能將這個哲學家劃入某個派別。貝克萊[*]
(1685–1752)的哲學思想是一種唯心主義的思想，黑
格爾(G.W.F. Hegel, 1770–1831)的思想也是，但我從未
聽說過讀其中一個人的作品會有助於理解另一個人的
作品——兩人的觀點相去甚遠。而與此同時，馬克思
(1818–1883)肯定不是一個唯心主義者(唯心主義這個
詞在馬克思主義語彙中實際上用得過於氾濫了)，但是
馬克思的思想在許多方面都非常接近黑格爾。學生在
讀馬克思的作品之前得懂一點黑格爾，這個建議似乎
是你能想到的建議中最明白不過的一個了。

讓諸君了解涵蓋很廣的詞帶來的危害並舉例說明
之後，接下來就讓我們從二元論[**]開始吧。二元論可以
指所有承認有兩種(完全)相對的力量或實體存在的觀
點，因此假設存在兩種互相衝突的基本力量(一種代表
正義，一種代表邪惡)的神學也被認為是一種二元論。
不過二元論最根本的意義在於認為現實是由兩種完全
不同的東西，即精神和物質組成的，而人類則是兩種
東西都包含一些。從這個意義來看，二元論最有名的
支持者大概是法國哲學家笛卡兒(下一章我們將談到他

---

[*]　愛爾蘭哲學家、經濟學家、數學家、物理學家和主教。提出新的感覺
　　理論，拋棄傳統的物質實體的概念。他早先反唯物主義的論證，是立
　　足於顏色、氣味和其他感覺性質的主觀性，而現在代之以對「存在」
　　之意義的簡明、深刻的分析。(引自《簡明不列顛百科全書》第二卷)

[**]　原文為dualism，中文既可譯為「二元主義」，也可以譯為「二元
　　論」。——編註

的一些著作)。實際上,一些反對二元論的人(現在反對二元論的人很多)似乎想把一切責任都推到笛卡兒身上。(至少可以説,根據哲學發展史這種説法是站不住腳的——笛卡兒只是努力想找到足夠的證據來證明一種非常古老的學説。)

二元論當然有其自身的問題,尤其是在將二元論與現代科學理論相結合的時候。一個棘手的問題是:二元論者所謂的精神的東西實際上做了些甚麼?一般認為我們的思想、我們的感覺、我們的知覺會影響我們的行為。如果我心想火車十分鐘後出發,而我想要趕上火車,在看見一塊寫着「火車站」字樣的指示牌時,我會朝我確信是指示牌指示的方向行進。這就意味着我的身體(物質的東西)朝某個地方移動,而這個地方在其他情況下我的身體是不可能去的。但是難道科學理論不認為所有物質事件的發生都是由其他物質事件引起的嗎?如果確實如此,那麼怎麼還可能存在能導致我們身體移動的其他非物質的東西呢?二元論者大概只能咬緊牙關地説關於這一點,科學理論完全錯了。因為如果他們同意在這一點上科學理論是正確的,如果他們承認(如果不承認就讓人覺得奇怪了)我們所想、所感覺等等會影響我們的行為,那麼得到的結論便是思考、感覺、感知等一定是物質過程。在這種情況下會再次出現同一個問題:他們所説的這種非物質的東西,即「精神」,到底做了甚麼?但是二元

關於「主義」 ・87・

論者也不能僅僅就說科學在聲稱所有物質事件的發生都由其他物質事件引起這點上是錯誤的，因為這樣做首先不能說服那些心存疑惑的人。他們會需要一定的理由來證明人身上有一些東西不可能是物質的。說到笛卡兒，就前面提到的這個問題，我們會從他身上發現一些二元論者可能持有的觀點。

由此，你可能會想，如果說二元論就是認為存在精神和物質兩種完全不同的東西，那麼我們也許還能發現一種學說，認為只存在物質；或是發現另一種學說，認為除了精神之外別無他物。你說得完全正確。前者就是所謂的唯物主義，而後者被稱為唯心主義（不是心靈主義），兩種學說都有悠久的歷史。

有明確文字記載的最早的唯物主義是古印度的物質主義，人們通常以當時最有聲望的思想家之一加爾瓦卡(Cārvākas)＊(順便提一下，梵語中「c」讀「ch」的音)稱呼這種思想。如果你發現自己不小心犯了一個常見的錯誤，以為所有的印度哲學都是神秘主義的、都與宗教有關並且提倡禁慾，那麼就記住古印度還有物質主義的思想。他們認為只有感知才能傳遞知識，無法感知的東西是不存在的。婆羅門教徒所認為的世

＊　古印度「外道六師」之一。六師本身沒有正式文獻留傳，只有一些與其對立、批判其學說，斷章取義的片段。他們持唯物主義的觀點，比如承認有我(Atman)，也是由地、水、火、風、空五大元素組成，無外於物質世界之我，也無罪、福可得。(引自李志夫，《試分析印度「六師」之思想》，《中華佛學學報》第一期，1987，台北)

世相傳的永恆的靈魂是不存在的。人有一生，而且只有一生，要努力享受這一生。這種思想似乎流傳了一千多年，但是不幸的是，我們當前對它的了解都來自反對者的著作。

古希臘的德謨克利特（Democritus）[*]（其生活年代與蘇格拉底相近）曾提出一種理論，這種理論直到20世紀物理學改變人們對世界的認識之前，都是十分前沿的。這種理論認為宇宙是由許多微小的、在真空或虛空中運動的物質粒子組成的；這些微小的粒子被稱為「原子」（atom, 源自希臘語，意思是不可切割的或不可切分的），它們以及它們運動於其中的虛空本質上就是世界的全部。這種大膽的猜想後來被伊壁鳩魯（前面我們已經談到過）及其追隨者所採納。不過關於這種理論，闡述最清楚的是伊壁鳩魯的仰慕者、古羅馬人盧克萊修（Lucretius）^{**}的著名作品《物性論》（或稱《宇宙本質論》，取決於採用的譯名）。

你也許會認為唯物主義應該完全不同於任何一種宗教信仰——正如古印度物質主義者似乎證實的那樣。但是要小心啊，有出人意料之事！伊壁鳩魯學派相信神的存在，但是（為了使自己的學說前後一致）他

<small>* 德謨克利特（約前460–約前370），在宇宙原子論的發展方面佔重要地位的希臘哲學家。他用多元和運動來解釋宇宙。</small>

<small>** 盧克萊修（約前94–前55），拉丁詩人和哲學家。他唯一的長詩，即文中提到的《物性論》，表述的是希臘倫理學派創立人伊壁鳩魯的原子論。</small>

們同時又認為神的身體是由非常精緻的物質構成的。
（神住在遙遠的地方。他們的生活中沒有麻煩，擁有神
的絕對幸福；他們對人類的生活毫無興趣。反對者們
卻認為雖然伊壁鳩魯學派不承認，但是他們的這種觀
點其實是一種無神論。）

　　Materialism 一詞在日常語境中的意思（表示「物質
主義」）與用在哲學領域的意思（表示「唯物主義」）則
有很大的不同。「物質女孩」並不是指一個僅由物質
構成的女孩，儘管從哲學的角度來看，如果唯物論者
的觀點正確，這個女孩的確完全是由物質構成的，她
所生活的物質世界也是如此。日常生活中，有人因為
物質主義而痛心，有人則享受物質主義；這種物質主
義與哲學家眼中的唯物主義也不是完全沒有關聯的。
麥當娜歌中的物質女孩寧願選擇物質而非精神上的快
樂，在大部分時候她因為擁有物品、消費物品而感到
快樂。日常使用的物質主義一詞是指關注哲學意義上
的物質，而不是關注精神或智力。馬克思主義哲學之
被稱為辯證唯物主義，與其說是因為馬克思認為除了
物質世界實際上別無他物，還不如說是因為他認為人
類生活中最重要、最根本的動因是物質，即關於社會
是如何生產出物質產品的經濟學事實。（「辯證」的意
思我們將在第七章第114頁談到黑格爾的時候介紹。）

　　Idealism 同樣也是一個擁有雙重含義的詞。作為
一個哲學術語，它被用來稱呼否認物質的存在、認為

存在的一切都是內心的或精神的這種觀點，比如我們在前面提到的愛爾蘭大主教貝克萊的觀點。告訴我們只存在精神不存在物質的人最好接下來就解釋一下，像椅子和山脈這些我們經常看到，又經常從中站起身或走下來的東西又是甚麼呢。據說，著名作家約翰遜(Johnson)博士在聽說貝克萊的觀點無法反駁後回答道：「既然這樣，我來反駁他」，然後就踢飛了一塊石頭。但是要反駁貝克萊並不是一件容易的事。(我使用「反駁」這個詞是指要證實某事是錯誤的，而不僅僅是用嘴巴說該事是錯誤的——這個毫無疑問非常簡單，而且每個人都能做到，尤其是像約翰遜博士這樣一個富有見地同時又擅長表述自己觀點的人。)

也許貝克萊的觀點是可以被駁倒的，不過只有在我們能夠以某種方式摒棄下面這種陳舊的思維方式的情況下才有可能。當我看桌子時，我真正看到的不是桌子本身，而是桌子在我眼裏的樣子。「桌子在我眼裏的樣子」描述的不是桌子而是我的想法，是我在看物體(不管它是甚麼物體)時產生的一種感覺。不管我跟桌子之間距離多遠，也不管我是從多少個角度看桌子的，上面這一點都不會改變。即使我觸摸桌子，也是一樣——除非在這時，物體(不管它是甚麼物體)導致我身上產生了另一種感覺——觸覺，而不是視覺。如果我踢桌子一腳(或是踢約翰遜博士的那塊石頭一腳)，把腳踢傷了，那麼這又是另一種感覺。不可否

認，這些感覺在一起融合得很好。我們很快就能學會通過其中一兩種感覺，準確預測其他的感覺將會如何——只需一瞥，我們就知曉接下來會發生甚麼。但是桌子本身，即真實存在的桌子，與其說是一個確定的事實，還不如說是一種假設，一種可以解釋所有這些被感知感覺的假設。所以這種假設可能是錯的——某種其他假設則可能是對的。貝克萊本人就是這麼認為的，雖然部分是因為他相信自己已經證實了存在非精神的東西這種說法是含糊不清的。（在這裏我不打算用貝克萊所謂的證據來煩擾各位。）因為貝克萊信仰一個仁慈、全能的神，所以他就將神（這裏即上帝）的意志看作是產生感覺的直接原因，並宣稱物質是多餘的，同時也是模糊不清的。

在這個問題上，休謨又作了精闢的評論。他說貝克萊的論點「不容許有任何答案，也不能產生任何信仰」。貝克萊否認物質的存在——不管我們覺得要贊同他的觀點是多麼不可能，要找到證據令人相信貝克萊的觀點不可能正確也是極其困難的。我個人也認為這樣的證據無法找到——儘管我本人也不同意貝克萊的這個觀點（聽到我這樣說你們並不會覺得吃驚）。

有些哲學體系（比如黑格爾的）被稱為唯心主義並不是因為他們否認物質的存在，而是因為他們認為物質從屬於內心或精神，內心和精神才是決定現實本質、賦予現實目的的真正因素。Idealism（唯心主義）

的這一用法與我們前面談到的用 materialism（唯物主義）來稱呼馬克思的哲學體系的用法是一樣的。不過如果將 idealism（理想主義）[*]一詞用於日常生活，它與 materialism（物質主義）就又不一樣了。物質主義者始終關注的是物質產品，不是內心、精神或智力產品，而理想主義者並不是指那些總是關注精神卻並不關注物質的人，它是指那些堅持自己理想的人。理想，從根本上來說，是有關心靈的事，因為理想是對現實生活中實際上無法擁有的一些境況的希望。但是如果生活狀況允許，我們通過努力可以盡力實現這些希望。理想的這種精神屬性將 idealism 一詞日常使用的意義與作為哲學術語使用的意義聯繫了起來。

還有另外兩個以「主義」結尾的詞我們可以經常聽到，它們往往同時出現，而且被認為是一對意義相反的詞。這兩個詞就是「經驗主義」和「理性主義」。「二元論」、「唯物主義」和「唯心主義」屬於形而上學(存在甚麼類型的事物？)的範疇，而「經驗主義」和「理性主義」這一對詞完全屬於認識論(我們如何知道？)的範疇。

我們都會大致地將感知與思考區分開來，並且樂於這麼做。看到桌子上的東西，發現一樣是鋼筆、一樣是電腦是一回事，而想到這兩樣東西，並且想知道

---

[*]　idealism一詞同時有「唯心主義」和「理想主義」兩義，materialism一詞情形相同。──編

它們是否還能用、如果壞了怎麼辦，又是另一回事。我們已經習慣了這樣的說法：天文學家得花很長時間凝望天空，數學家們則似乎靜坐着就能計算出結果——他們根本不覺得有看東西的必要，當然他們自己寫的東西除外。因此從表面來看，獲取知識有兩種完全不同的方式。有些哲學家選擇其中之一而捨棄另外一種：「經驗主義」就寬泛地指稱所有推崇感知而捨棄思考的學說，而「理性主義」則指稱那些推崇思考而捨棄感知的學說。

圖10　每個學科都有自己的術語。（圖中對話為：「我們得繼續往下看了……，我無法理解這玩意。」書脊文字為：分保/保險術語。）

也許有一些哲學家認為只有能感知到的東西才能被理解，因此他們不允許任何認知能力參與思考、推理和論證。類似的觀點亦見於古印度的物質主義。關於古印度物質主義，前面談到唯物主義的時候我們已有涉及。

　　根據相關記載，古印度物質主義者的觀點甚至更進一步，認為只有能感知到的東西才存在。如果真是這樣(不過要牢記一點，所有關於物質主義的記載都出自其反對者之手！)，那麼物質主義者肯定是超出了他們自己能力所及的範圍。即使你認為知識只是能夠感知到的東西，你也不能斷言說凡是不能感知的東西就不存在，因為這一點就不是你自己能感知到的。(這就相當於斷言能聽到這樣的說法：凡聽不到的東西都不存在。)

　　認為只有通過感知才能獲取知識的經驗論者並不一定是在表明，感知過程本身並不涉及任何形式的思考，這樣我們就能夠擁有可以說是純粹的、未受到任何思考方式污染的感知。即使是看桌子、發現上面有一支鋼筆，也需要你不僅僅是被動地看到進入自己眼中的光影圖案。你得略微了解有關鋼筆的知識，至少要知道鋼筆是甚麼樣的，然後運用這些知識，否則我們看鋼筆就如同用相機給鋼筆拍照一樣，只是看見一支筆。感知的過程是解釋性的，照相機則只能記錄光影圖像。因此更成熟一些的經驗主義就允許分類、思

考、推理和分析的存在，並允許它們各司其職，但是這種經驗主義也會就分類、思考、推理和分析無法獨立創造出哪怕一項知識這一點表明自己的立場。也許的確沒有不涉及思考的感知，但是同時也沒有不涉及感知的知識。所有關於知識的言論最後都只對感知負責，這些言論可能會超越感知的範圍，但是它們必須從感知出發。

經驗主義者能夠提供強有力的證據為這個觀點辯護，而任何一個可能的理性主義者也必然有自己的答案。感知的時候，我們與周圍的事物進行一定的接觸，周圍的事物對我們的感官產生影響。但是如果我們試圖完全脫離感知來進行思考，我們與所思考的事物之間又有甚麼聯繫呢？因為如果不存在這樣的聯繫，則一邊是世界，一邊是我們在思考中忘了自我。這聽起來似乎就是造成純粹幻想的原因，也許在幻想的時候偶然也能得出一個有創意的猜想。下面就讓我們簡單看一下柏拉圖、康德和黑格爾等三位具有強烈理性主義傾向的哲學家是怎樣應對這個挑戰的。

根據柏拉圖的觀點，理性告訴我們的根本不是直接與感覺世界相關的東西，而是關乎被稱為理念或形式的永恆的、超驗的實體：善的、公正的、平等的、美的。就事物「參與」到這些形式中，或就事物接近形式設定的標準而言，我們通過各種感覺感知的東西是善的、平等的，等等。但是理性又是怎樣獲得關於

形式的知識的？柏拉圖使用了古希臘哲學思想中一個很常見的觀點(如果你採納我的建議閱讀了《裴洞篇》作為《格黎東篇》的補充閱讀，現在你就會知道這一點)。靈魂在進入它目前所在的軀體之前就存在。在進入之前，靈魂就已經遇到了——柏拉圖隱晦地提到了某些類似感知的東西——形式；通過理性的思考，現在靈魂又記起了那時得到的關於形式的知識。

康德比柏拉圖和黑格爾更願意向經驗主義讓步，他接受挑戰的方式比較新穎，也比較激進。理性無法告訴我們所有不能感知的東西的情況，它只能大致告訴我們經驗應該是甚麼樣的。理性能做到這點僅僅是因為經驗是由大腦形成的。理性在獨立發生作用時，實際上只能告訴我們大腦是怎樣活動的——這就是為甚麼理性能夠做到它所做的這些事，而不需要依靠我們對世界上其他東西的感知。

黑格爾應對這個挑戰的方法不能不說與柏拉圖的方法相似，因為他也是首先提出一種思想體系或公理體系，這種體系被他統稱為「理念」。理念推動了對全部事實的構築，包括對我們的意識、我們思考的類型以及我們目前正在思考的其他事實的構築。這也是為甚麼即使是在理性完全脫離感知獨立運作的時候，我們也能期待理性與世界保持一致的理由。推理的主體和推理的客體共同擁有一個結構，即理念的結構。

上述三個例子告訴我們經驗主義和理性主義之間

的論爭並非小事。從形而上的角度來說，一開始只是就這一點意見不一致的人到最後可能發展成水火不相容。當然我並不是說只有理性主義才面臨困難，經驗主義則無憂無慮。其實並非如此，接下來我們很快就會發現。

另一個常用的以「主義」結尾的詞是懷疑主義。你當然可以懷疑一些非常具體的事情，比如奧委會的操作是否公正、不明飛行物是否存在、低脂肪食譜是否有用，但是「懷疑主義」一詞如果出現在哲學著作中，往往指更普遍的一些東西：拒絕接受許多領域中關於知識的斷言，或是懷疑許多種信仰。當然並不僅僅是懷疑它們的數量。要在哲學史上佔有一席之地，懷疑主義必須要挑戰人們真正堅持的信仰，而且必須是地位重要的信仰——攻擊不毛之地是得不到回報的。

這就意味着有許多哲學思想在提出的當時是具有懷疑性質的，但是今天人們卻不這樣看待它們了。最貼切的例子就是葡萄牙哲學家兼醫生桑切斯（Francisco Sanchez,* 1551–1623）所寫的《為甚麼人們不能認識任何事物》**。要找一個比這個題目聽起來更具懷疑態度

---

* 出生在葡萄牙，後定居法蘭西。他信奉一種「推定的懷疑主義」，即認為數學的真理是不真實的，而亞里士多德的認識論也是虛妄的。在著名的懷疑論的論文《為甚麼人們不能認識任何事物》中解釋說，因為感官的能力是不可靠的，而且不可能接觸到事物的真正本質，所以真正的認識是不可能的。（參見《簡明不列顛百科全書》第七卷）

** 原文書名為拉丁文。——編註

的標題實在很難，但是標題之下所寫的內容在我們看來與其說是懷疑主義的觀點，不如說是對亞里士多德思想的猛烈攻擊。文章中的觀點在當時非常流行，但是現在人們早已不再信奉。懷疑主義者一旦獲勝看起來就不再像是懷疑主義者了，更像曾經觀點正確的批評家。

其他形式的懷疑主義為人所認同的時間則要長一些。這些懷疑主義思想攻擊的是人們長期的信仰，或稱日常生活中的信仰，即被稱為常識的東西。笛卡兒《沉思錄》開篇就出現了現代人最熟悉的這種類型的懷疑主義。根據笛卡兒所說，我們面對的是下列可能性的威脅：感覺不可靠，不能告訴我們任何關於世界的知識，甚至也不能告訴我們世界的確存在。不過我打算在下一章專門談一談笛卡兒，所以我們還是先追溯歷史，回頭看一看皮浪(Pyrrho)*學派吧。我們所知道的發展最成熟的懷疑主義哲學就源自皮浪學派。他們的觀點都見於一本書，恩披里柯(Sextus Empiricus)**

---

* 皮浪(約前360–前272)，通常被看成是懷疑主義的創始人。他認為任何命題的雙方都可以提出相等的論據，所以他把尋求真理看成是一種徒勞的嘗試。他主張採取中立態度，按照事物顯現的樣子去接受它們，無須作進一步的分析。(引自《簡明不列顛百科全書》第六卷)

** 哲學家—歷史學家(活動時期3世紀初)。他在《皮浪主義綱要》和《反對獨斷論者》兩部著作中對希臘懷疑主義作了全面的記述。人們對他一生的詳情大都只能猜測，只能肯定他是一位醫生，並曾在希臘懷疑論衰落時期領導過懷疑論學派。(引自《簡明不列顛百科全書》第六卷)

的《皮浪主義綱要》。塞克斯都創作的鼎盛時期在公元200年左右。在書中，他詳細記錄了皮浪主義哲學體系的目的、論點和結論。多虧塞克斯都，這種思想的發展歷史才得以完整記錄。

早期的皮浪主義者非常努力。他們提出了十種「比喻」，也就是十種辯論的方法，來得出他們的懷疑主義結論：我們並沒有充份的理由相信，不同於事物在我們眼裏的樣子，事物實際上是甚麼樣的。面對「固執己見者」——他們使用的一個較為文雅的稱呼，指宣稱知道事物實際上是甚麼樣的亞里士多德的追隨者和斯多葛派——他們最擅長的策略就是先找到一種動物，對這種動物而言，事物看起來可能會不一樣；或是找到其他人，在這些人眼裏，事物看起來也不一樣；或是找到一些情形，在這些情形之下，即使是在自稱知道上述事物的人眼中，同樣的事物看起來也可能不一樣；然後再辯論說，除了隨意選擇支持某個觀點、反對其他觀點，沒有其他方法可以消除這種不一致。書中有一段，塞克斯都認為沒有理由特別看重事物在固執己見者眼中的樣子而輕視事物在一隻狗眼裏的樣子。讀塞克斯都的書你有時會發現他使用一些可能會被懷疑論者視為不可靠的前提作為辯論的基礎。也許塞克斯都和皮浪主義者們說話的對象並非總是世世代代所有的人，而只是他們同時代的人——他們認為他們接受的觀點當然也可以被用來反對他們自己。

現在經常會聽到有人問，一種全面的懷疑主義能有甚麼意義——雖問其實非問，言外之意就是懷疑主義根本不可能有甚麼意義。但是皮浪主義者肯定認為他們的懷疑主義是有意義的：獲得內心寧靜，沒有煩惱，心平氣和。關於內心的寧靜他們略知一二。如果你想堅持自己觀點的正確性，那麼記住這是要付出代價的：生活將是一場永久的智力戰。如果這種戰鬥一直保持在智力層面，那麼你就是幸運的，因為尤其是在宗教和政治層面，這樣的戰鬥往往會以暴力收場。我個人認為皮浪主義者同樣也認識到了其他一些東西：超越事物給我們帶來的直接的感覺，關注事物實際上是甚麼樣的；這項工作比他們同時代的人所認為的更為緩慢、危險，也更為累人。

皮浪主義者最常用的懷疑主義策略就是提醒我們事物看起來是甚麼樣並不僅僅取決於該事物，還取決於看該事物的人當時的狀態，以及事物借以顯現的媒質。這就引出了我們要談的最後一個以「主義」結尾的詞：相對主義。相對主義並不專指某種學說，而是指一類學說——我或許該補充一點：這類學說在當今學界是非常時尚的。相對主義的基本觀點很容易掌握。一個在道德方面持相對主義觀點的人往往認為，沒有純粹的善（純潔、簡單），只有在這個社會是善的，或是在另一個社會是善的。一個在審美方面持相對主義觀點的人會拒絕接受「某種事物可能就是

美的」這樣的觀點，他總是要問「對誰來說是美的，在誰眼裏是美的」。一個對何為美食持相對主義觀點的人不會對菠蘿是否美味這個問題感興趣──他們感興趣的是「誰，在甚麼時候，與甚麼一起食用時」菠蘿才是美味的。一個在文學方面持相對主義觀點的人不相信文本是具有意義的──最多是從不同讀者對文本有不同解讀，甚至也許是同一讀者在不同時期對同一文本有不同解讀這個意義上來說，文本才是有意義的。對何為理性持相對主義觀點的人會認為關於理性的判斷取決於文化的不同，他們得出的結論是(打個比方)用「西方」的科學標準來解釋非洲傳統中對巫術的信仰並宣稱其非理性是不合理的。

這一連串例子說明了相對主義的一些特點。其中一個特點是，不同領域的相對主義觀點在初期的可接受性是很不一樣的。會有很多人認為相對主義的審美觀很容易接受，有些人則認為我剛才所說的「美食相對主義」顯然是正確的。至於甚麼是理性的要取決於文化，這是一種難接受得多的學說，正如道德觀方面的相對主義觀點也讓人較難接受。但是要記住，這些學說並不認為在不同的社會中，「甚麼樣的信仰被視為理性的」這個問題的答案是不同的，也不認為人們承認的道德體系是不一樣的。這一點，無人懷疑。這些學說認為：到底甚麼是理性的、甚麼是道德的，這可能在不同的社會中有不同的答案，而這一點對人們

來說絕對不是顯而易見的。因此，如果聽到有人在談相對主義又沒有說明是關於哪方面的相對主義，你就故意打個哈欠，同時又假裝把嘴捂住。

這些例子還說明了另外一個很重要的特點。不僅僅是關於某種具體的相對主義是甚麼樣的，而且還是關於這種相對主義是相對甚麼而言的：個人、社會、文化（有許多存在多元文化的社會）、歷史時期，或是其他甚麼的。這些形式的相對主義和「美食」方面的相對觀一樣，可以合理地縮小到個人層面，因此具有一個很大的優勢：與社會、文化和時代不同的是，個人的觀點想法很容易界定。如果說歐洲人不可以用他們的科學標準來要求非洲人改變對巫術的信仰，難道他們可以用同樣的標準來要求自己改變對巫術的信仰？或者只是要求當代歐洲人改變對巫術的信仰？想像一下你與這樣的一個民族混居：他們經常性地遺棄嬰兒，任其自生自滅，同時又不會受到任何良心的譴責。（的確存在過這樣的社會。）這時你會不會簡單說一句「哦，沒關係。他們就是這麼認為的，他們的道德文化就是這樣的，跟我們的不一樣」，就好像「他們說法語而我們說英語」一樣？以往慘痛的教訓說明許多人發現很難做到這樣。

如果我給你們留下了這樣的印象，讓你們覺得用短短一個段落就能說清楚甚麼是道德和智力方面的相對主義，那麼我這個哲學嚮導就當得不合格。不過要

認識到一點，在某幾個領域，相對主義會遭遇困難。因為從理論的層面來看，很難說清楚相對主義的觀點贊同甚麼、反對甚麼；從實際的層面來看，在關鍵時刻又很難做到袖手旁觀。

第七章
一些更重要的觀點
個人的選擇

　　在第二、三、四章我們分別詳細解讀了三部哲學著作。在本章我將再簡單介紹一些我個人比較偏愛的作品。選擇它們完全是出於個人喜好——如果其他人寫這樣一本書很可能會選擇介紹其他作品。而且，這裏也只能介紹一小部分。但是放心，還有很多其他的著作，實際上不管你讀了多少，仍然有很多很多是你未讀到的。

笛卡兒：《方法論》

　　在第二章，我曾說過柏拉圖在《格黎東篇》中所描述的關於倫理的辯論似乎就發生在昨天，而他的宇宙論則能將我們帶回一個完全不同於今的世界。的確是這樣的——但是我們不需要回到柏拉圖的時代，我們只要往回追溯四個世紀，回到1600年就行了。這一年實際上離哥白尼（Nicolas Copernicus）提出用新體系代替傳統的托勒密天文體系已經有五十多年了。哥白尼將太陽移到了太陽系的中心，地球現在只是一系列相

似的行星中的一顆，圍繞太陽轉動。但是幾乎沒有人相信他的話。這時候伽利略（Galileo Galilei, 1564–1642）還未開始公開為自己的觀點辯護，而當他這樣做的時候，也根本沒有人相信他。

日心說的意義並不僅僅在於太陽取代了地球崇高的中心地位。事實根本不是這樣的，因為我們今天所說的現代物理學認為中心位置並不讓人嚮往：中心地帶往往是低劣物質容易聚集的地方，我們幾乎可以稱之為太空垃圾場。相比較，其他因素遠為重要。《聖經》中有些段落似乎堅持地球是靜止的，而現在有個人根據自己的推理，不藉助某個合適的權威，或者是無視權威，打算反對這些段落中反映的思想或者至少是重新解讀這些段落。此外，不用說伽利略的觀點，哥白尼的觀點就與當時在大學中盛行的（新亞里士多德）物理學和宇宙論觀點相抵觸。

亞里士多德主義者認為最低劣的物質是土和水。土和水與空氣和火不同，它們天生就努力想到達宇宙的中心，因此在那裏形成了一個球狀的聚合體，地球。（不管你多麼經常地聽到有人說，中世紀時人們認為地球是平的，事實都不是這樣的。那時的人並不如此認為。）但是月亮、太陽以及其他行星和恆星上根本沒有土和水這類物質，甚至也沒有空氣和火。這些天體是由精華——第五元素構成的，不會腐爛，也永不改變。這些天體只是圍繞圓形軌道聖靈般安靜地運行，永不停歇。

現在新的天文學想要否定地球和其他天體之間的這種區別：不管從我們現在所站的位置來看、來感覺事物是甚麼樣的，地球就是地球，在天空中存在；天體之間也並非完全不一樣，它們和地球一樣都是適合科學研究的對象。更重要的是，現代科學家想摒棄從本質和目標角度進行的解釋，用粒子論，即物體是由粒子構成的，以及服從數學定律的機械因果律取而代之。

這一切表明了知識界同時在幾個層面上發生了顛覆性的變化。這些變化常常被稱為科學革命。這樣命名體現了變化範圍之廣，幅度之大，但是卻給人一種錯覺，以為這些變化是快速進行的。這就難怪變化的同時還興起了懷疑論，因為如果那些被人們所接受的、兩千年來在科學史上處於優勝地位的最優秀的知識現在被認為是錯誤的，人們本能的反應便是輕視人類所有的知識，不再對知識作任何探索。

笛卡兒(1596–1650)認為亞里士多德主義雖然長期以來為大家所推崇，但卻是一套錯誤的體系。懷疑論者也持同樣的觀點。不過與懷疑論者不同的是，笛卡兒同時還把亞里士多德主義看作是一種障礙：它阻礙人類去認識本質，就像懷疑論自身也阻礙人類認識本質一樣。因此他構想了一個宏大的計劃。(如果當時認識到自己的計劃如此宏大，他可能會就此放棄這個計劃，在自己思想發展的軌道上停下來──所以我們應該感到慶幸，他沒有改變主意。)笛卡兒首先回

到一個階段，在這個階段懷疑甚至不可能存在，然後按照顯而易見的步驟重建人類的知識體系。在此過程中笛卡兒會竭盡全力排除懷疑主義這個障礙，也許同時還會排除亞里士多德主義，因為他並不希望自己的重建計劃指向陳舊、猶豫的老路。然後他會利用科學發展的顯著成果來說明人類智力的這個英雄性大逃避的價值：光學、物理學、生理學和氣象學等領域在笛卡兒著作中都有所涉及。《正確運用理性的方法論》*（1637）並非笛卡兒最重要的作品——他最重要的作品當然是《沉思錄》（1641）了。但是《方法論》一書有一個優點：它利用很短的篇幅就能讓讀者了解到笛卡兒的主要思想。其中很重要的一點是，書中還對他整個探究計劃產生的背景與動機進行了自傳式的記錄。

所以抽出一兩個小時來——這很容易做到，從理解笛卡兒的煩惱開始切入，因為笛卡兒接受的正規教育使他感覺到「我沒有得到任何東西……只是越來越認識到自己的無知」，世上「不存在以前接受的教育引導我去追求的那些知識」。必須承認，他在學校學到的知識中有一些是有價值的。他也曾各用一句話談到語言、歷史、數學、演講術和詩歌等學科的價值——雖然演講術和詩歌「更大程度上是天賦，而不是刻苦學習的結果」。至於哲學，它的主要「好處」

---

* 全稱為《科學中正確運用理性和追求真理的方法論》，哲學史上簡稱《方法論》。——編註

在於能讓我們「在談到任何話題時都能說出一套，從而贏得學問不如自己的人的敬佩」——經院派的亞里士多德主義哲學就有此功效。因此當覺得自己足夠老的時候，笛卡兒馬上就把哲學丟在一邊，開始四處旅行，並參加了當時在歐洲爆發的激烈戰爭。也許實幹家比學者能提供更多的真理，畢竟實幹家判斷失誤所帶來的嚴重後果會真真實實地落到他們自己頭上，而學者判斷失誤並不會帶來任何實際的後果，因此可以錯而免罰。

笛卡兒在旅行時發現一點：各個地方、各個民族的風俗習慣差別很大——他尖銳地指出，哲學家的觀點差別有多大，這種差別就有多大——因此最好不要相信任何只通過「習慣和實例」學到的知識。這個時候很多人(現代社會這樣的人甚至更多)可能會因為悲觀而走向懷疑主義或是因為懶惰而走向相對主義。但是笛卡兒不會。笛卡兒的反應是聲稱如果要避免生活在錯誤思想的指導之下，一生中就必然要有一次打碎自己整個的信仰體系，然後進行重建。他打算進行這樣的嘗試——而且是獨自一人進行。

笛卡兒——毫無疑問還有許多不如笛卡兒那麼善於表達自己或不如他那麼自信的同時代的哲學家——正在經歷的這場大變動，得到了堅定積極的回應。這種回應大膽之至，不得不讓人感到吃驚。也就是說，如果我們相信笛卡兒是當真的話——不過我找不到任

何合適的理由認為他並不當真。在《方法論》一書的第二部分，我們可以讀到笛卡兒努力安慰那些認為他可能是社會、政治和神學方面的改革者的讀者：「我所做的不會對任何大眾習俗產生威脅，我所要顛覆的不過是我自己的信仰而已。」（他的嘗試非常謹慎，也很出色，不過一點也不具有說服力，不是嗎？就好像他不打算向任何人介紹自己創立的新體系。）接下來，在第三部分，他設法保證儘管他的信仰懸置未定，但是他的生活還照常進行，因為「在開始重建房屋之前，你必須為自己找個地方，以便在建房期間居住」。因此他只是模棱兩可地支持自己身邊最理智、最溫和的觀點或行為。如果他曾經閱讀過恩披里柯介紹古代懷疑主義者的書，他會發現自己的做法是在該書基礎上的一個改進——古代懷疑主義者一直面對的是同一個問題，因為他們不打算重建一個新的信仰體系。

這種顛覆、打碎的過程是如何發展的，笛卡兒又將在哪裏找到構建新體系的基礎？第四部分開頭，笛卡兒突然假裝變得羞澀：也許他是應該繞過這些問題，因為這些問題「過於形而上，過於特別，不適合大眾的口味」。不過後來他還是回答了這些問題。我們可以看到，第四部分簡單扼要地介紹了他最有名的作品《第一哲學沉思》*。首先，懸置所有你可能找到一丁點理由進行懷疑的信仰。

---

* 即《沉思錄》。《方法論》。——編註

(別費心去考慮這些理由是否真的讓你感到懷疑——大部分情況下都不會，但是那可能就發生在你身上。)既然有時候你的感覺欺騙了你，那麼考慮一下這種可能性：任何時候感覺都可能會欺騙你，實際上可能一直都在欺騙你——感覺不過是一場夢或是一種幻覺。那麼你對自己目前正在進行思考這一點的確信呢，是否也是一場夢或是一種幻覺？以此類推，懷疑的確是有止境的，因為懷疑自己是否在思考也是一種思考——這種懷疑自己打敗了自己。笛卡兒認為，如果我在思考，那麼我必然存在——由此，我們就得到了那句著名的「我思故我在」。

　　你可能會疑惑，經過如此艱難的考驗，可信的已倖存無幾，笛卡兒將如何在此基礎上進行重建呢。然而他並沒有被這艱巨的任務嚇倒。他已經發現他對自身存在的認識是完全可靠的，但是他可以懷疑任何其他東西，甚至自己的身體。因此他(他的意識、靈魂、自我)肯定是不同於身體的其他東西，沒有身體也能存在。身體是一回事，意識又是一回事——這就是我們在第六章看到的著名的(也可以說臭名昭著的)笛卡兒二元論(第87頁)。

　　下一步，笛卡兒認為他知道有一個完美的存在物，即上帝，從而引發了下面這個問題：他是怎樣獲得思考能力從而得出這樣一個結論的呢？他在其他地方曾指出，如果你腦海中有一幅極其複雜的機器藍

圖，那麼我們要麼認為你本人就是一位傑出的工程師，要麼認為你是從一位傑出的工程師那裏學到這些的。因此，既然笛卡兒知道自己是不完美的，那麼他就承認關於完美存在物的觀點並非源自他本人，而只能源自一個本身就完美的東西。他的觀點是他的創造者留下的標記。

許多讀者會覺得笛卡兒關於完美存在物的觀點過於模糊、不精確，也就是說，並不完美，從而並不需要笛卡兒之外的其他人來證實產生這個觀點的原因。但是笛卡兒自己認為上帝的存在是已經被證實的，而且他還進一步認為：當他已經完全清楚自己的能力的時候，他所相信的必然是正確的。否則，原則上他所擁有的上帝賦予的能力就會誤導人，這樣上帝就成了欺騙者，因而是不完美的。因此如果懷疑論認為即便我們盡了最大的努力結果還是可能錯誤，那麼就放棄懷疑論。

在第五部分，我們又可以看到笛卡兒的一些自我介紹。他開始介紹自己的科學研究成果。之前他曾「在一篇論文中花大力氣解釋這些科學問題。不過出於某些考慮，這篇論文沒有發表」。這些「要考慮的因素」其實就是教會對伽利略著作的強烈譴責，這一點笛卡兒在第六部分有所說明(儘管他並沒有提到那些名字)。在第六部分他提供理由說明自己為甚麼決定不發表這篇論文，以及為甚麼進一步決定在《方法論》

中闡述所得出的部分結論。這些理由相當複雜，而且也沒有完全消除人們對他的懷疑，即認為伽利略的遭遇把他嚇壞了。

圖11　作為生理學家的笛卡兒──可以理解，一位赤身裸體的笛卡兒主義者肯定會覺得有點冷。

　　這時發生了一件不幸的小事。笛卡兒是一位出色的數學家，在物理方面表現也不俗。的確，17世紀末，艾薩克・牛頓的成果遮掩了笛卡兒的光芒，儘管

之前不久，也就是在牛頓四十歲之前，牛頓本人是贊同笛卡兒的物理理論並打算在此基礎上進行研究的。不過笛卡兒為第五部分選擇的主要例子是他所提出，關於人類心臟的工作原理的。這個理論在今天看來非常古怪、非常不切實際——他認為心臟比身體的其他部分要熱得多，這就使心臟聽起來好像是正在運行的蒸餾器（不過它蒸餾的是血。這可能會讓一些讀者感到失望）。

儘管有（或者部分是因為）這點小毛病，《方法論》仍是一部內涵豐富、令人難忘的作品。在大約五十頁的篇幅之內，這位現代思想的傑出創始人與自己，與亞里士多德主義、懷疑論、學術界的回應、公眾輿論和教會觀點、物理學、宇宙學以及生理學等進行較量。這個我才能稱之為真正的哲學大餐。

黑格爾：《歷史哲學》緒論

在第六章，我們已經提到黑格爾（G.W.F. Hegel, 1770–1831），雖然所用篇幅很小。黑格爾在哲學史上具有深遠的影響；下一章，即本書的最後一章，我將舉兩例來說明其影響之大。不過這兩個例子雖然很重要，也只能略微反映黑格爾現象的一鱗半爪。而且黑格爾的反對者們建立了兩個非常重要的流派：其一是由丹麥思想家祁克果（Søren Kierkegaard）發起的存在主義；其二是分析學派，在英國的代表人物是摩爾（Moore）、羅素（Bertrand Russel），另外還有年輕的維

特根斯坦(Ludwig Wittgenstein)。為了讓人們不再關注黑格爾哲學，這些重量級哲學大師提供了其他的替代選擇，但是產生的效果卻只是部分的、小範圍的、暫時的。

而且，在這裏介紹黑格爾的作品還有一個理由。到目前為止我們談到的哲學思想幾乎都是從相對普通、日常生活中所考慮的一些問題出發的。(蘇格拉底：如果按照朋友建議的做，孩子們會怎樣？休謨：不能總是相信其他人告訴你的話。笛卡兒：權威之間意見如此不一致的時候，除了回歸基本原則、重新開始，我們還能做甚麼？)但是黑格爾在《歷史哲學》中的觀點卻不同。他的觀點源自對事實以及推動事實發展之力量的宏大構想，此乃厚實、持久的形而上學。

人們常說黑格爾的作品非常難懂。這點我不否認——隨便翻到哪一頁從頭讀到尾，你可能會覺得還不如倒過來，從尾讀到頭。但是對剛接觸黑格爾哲學的人來說，最有用的經驗之一就是發現，如果事先就了解形而上學的基本概況，那麼讀黑格爾的作品就會容易得多。整體的概況圖是關鍵，所以我們就先設法了解一些基本概況。還記得在第一章我就警告過大家，有些哲學思想可能比較神秘古怪。讀《歷史哲學》緒論之後，你會發現黑格爾的思想並不那麼神秘古怪，即使你可能還是一個字都不相信。下面我們就來談談《歷史哲學》緒論吧。

我們從一個被稱為「理念」的概念開始。試着將黑格爾的理念比作柏拉圖的理念——一個抽象的公理體系，世界上的事物及事件都從這個體系中獲得形態和本質。但是黑格爾的理念與柏拉圖的理念有兩個重要區別。第一，黑格爾的理念是一個結構嚴密的體系。在某種意義上，它的結構是不斷發展的。我說「在某種意義上」是因為「理念」的產生並沒有時間先後，不是一部分接着一部分產生的。黑格爾的學說認為理念體現了思想的自然順序，因此思及一個因素不可避免地促使大腦考慮另一個因素，對這兩個因素的考慮又導向第三個因素，如此發展，直到最後形成整個體系。

第二個重要區別是，柏拉圖在談到理念時似乎是把它看作獨立於其他東西而存在的，黑格爾的理念要存在則首先必須有某種東西來體現它，因此必須存在「自然」——我們周圍存在的非常熟悉的具體事物的集合。並且因為自然的存在是為了體現理念，自然就反映了理念所有的特徵。理念體系中「發展」的意思是比喻性的，而在不斷變換模式的自然中，「發展」是直接表現出來的。

因此理念和自然是緊密相連的：自然是理念的一種形式，理念也是自然的一種形式。但是，與此同時兩者又有很大的區別，你甚至可以認為兩者是相對的。理念是抽象的，既沒有時間性，也沒有空間性；

自然則既有時間性又有空間性，並且是具體的。理念是由公理、基本概念組成的，自然則是由大量的具體事物構成的。自然是物質的，理念當然不是。現在黑格爾利用這種情況——存在兩種相對的概念，但這兩者在某種意義上卻又是一樣的——作為出發點，作出了一個典型的黑格爾行動。

假設你想知道有關自己的事情，比如關於這個問題或那個問題你事實上是怎麼想的，你會坐下來沉思，並努力回憶起曾經的想法嗎？不——你只會認為自己看見了曾經想看的任何東西。你應該做一些事情，製造一些東西，寫一些東西，總的來說就是創造一個能表達你自己的東西，你自己的作品——然後看這個東西。它能告訴你自己的情況。

好建議，但是並不新穎。（「通過我們的作品可以了解我們自己。」）但是黑格爾現在使用這句話的方式卻讓人大為吃驚（也相當難懂）。記住，他認為自然是理念的具體表現。因此理念面對的是它自己的作品，時機已經成熟讓它開始了解自己。這樣就產生了黑格爾所謂的 Geist，通常被譯為「精神」——知覺、意識。人類的大腦是精神的載體，不過大腦中真正發生的是理念逐漸做到了完全了解自己。（是的，我曾經告訴你這就是我所說的高層次的形而上學。）接下來還有更多：黑格爾認為事實的所有目的都在於此，都在於理念最終應該完全了解自己的本質。這一點我們人類

也會做到，通過我們的大腦做到。沒有一個哲學家曾賦予我們如此顯赫的地位。事實上，可能存在這樣的一個哲學家嗎？這是人類對自我的最高評價。

那麼歷史又怎樣呢？只有當有意識的生物出現，只有當可被稱為文化的東西出現，即我們已經達到了黑格爾的第三個階段——精神或Geist的階段時，歷史才真正開始。促進歷史發展的是理性、理念：黑格爾坦率地宣稱這是既定的事實，是哲學（他自己的哲學）業已表明的東西。在歷史中，理念找到了自己合理的目的。

如果你覺得這種觀點過於陌生，那麼記住：大部分黑格爾的讀者會認為這個觀點很熟悉，與他們從小被教育要接受的觀點非常接近。天意在起作用。在所有平淡的生活瑣事背後，上帝正在實現他的目的。儘管困難重重，善正在擊敗惡。一切都是為了精益求精。這個觀點是我們所有人都熟悉的，包括那些蔑視該觀點的人。黑格爾對這個觀點的描述之所以讓我們覺得陌生，首先是因為他為「精益求精」所下的定義——理念，即驅使所有一切發生的力量，最後完全了解自己的本質；其次是因為他對於是甚麼在驅使一切發生這個問題的描述過於深奧——不是某個人格化的神，也不是神化的超人，而是理念，一個類似柏拉圖的形式的體系。黑格爾年輕時曾學過神學，他非常清楚怎樣將自己的觀點通過正統的基督教故事的形

式表達出來(實際上，他認為自己在此基礎上有所提高)；他會利用最合適的聖經故事進行宣揚——往下讀你很快就會發現這一點。

但是，歷史肯定是在人類行動的促使之下發展的嗎？人類有人類自己的計劃、自己的利益和動機——有一件事人類不會努力去做，那就是確保理念最後完全自我了解。(人類怎麼可能會這樣做呢？大部分人甚至從未聽說過這一點。)那麼在這裏我們就遭遇了一個著名的學說：理性的狡點。雖然人類不知道，但是理念(或理性)確實在起作用，影響人類並指引人類朝理念自身的目標發展。

那麼是否存在一種外部力量，就像古老的命運女神一樣俯視我們，操縱着我們的生活？不，黑格爾的觀點比這更微妙，並且不像這樣帶有迷信色彩。記住，在黑格爾的宏大計劃中，我們的大腦確實體現了理念，但我們並沒有明確意識到這一點。(想一想，基因中「包含」着發育成熟的有機體——黑格爾非常贊同生命體的比喻，但是有機體的樣子只有在生長、發育過程中才能逐漸顯露出來。)正是因為在我們的內部存在理念這個東西，儘管它不為人知卻起着積極作用，我們才能有意識地追求我們有限的個人目標，同時又真正為理性服務。

理念，在這個階段被稱為精神或Geist，通過「世界歷史名人」(你在歷史書上看到的名人)的意志，指

引歷史發展的方向。這些名人對精神需求的感覺比同時代的人要超前一些，他們對事情現狀的不滿要略為尖銳，也略為集中一些。黑格爾對他們的描述是（千萬別讓任何人告訴你黑格爾不擅寫作）：「他們在現存的平穩而有規律的體制中找不到目標和職業……他們從其他源頭獲取靈感，從雖然時機已臨近但仍在伏匿之中伺機爆發的隱藏的精神中獲取靈感。」這些人是領袖，他們改變世界，統一國家，創建帝國，設立政治機構。而且一旦事情出現新狀況，社會或國家面對的就是某種由它自己創造出來的東西——促進自我了解的狀況，要記住——而且社會或國家對自己真正的志向會更清楚一些。

此外，社會或國家對自身帶來的問題的了解也會更深。首先，從一種狀態到另一種狀態的轉換很少是一帆風順的，往往伴隨着衝突和爭端。黑格爾所謂的「現存的平穩而有規律的體制」總是有吸引力的，尤其是對那些未能潛在地意識到精神的下一步行動的人來說。這些人就成了保守份子，他們抵制世界歷史名人為尋求改變所作的努力；他們遭到那些意識比他們略為成熟的人的反對，這些人聚集在領袖身後，因為他們意識到新的發展方向是正確的。

然而，這個新方向只是在現在是正確的。記住，我們由之開始的奇怪之物——理念從比喻意義來看是發展的。任何存在或發生的事情都反映了理念，這其

中當然也包括歷史。歷史展示了理念的「發展」，不過在這裏「發展」不是比喻意義上的。如果你讀過黑格爾的《邏輯學》（不過警告你這本書非常難啃），你會發現，理念的發展總是伴隨着相對的概念之間的衝突。但是衝突得到解決之後，這個解決方法本身又發展出一種反對意見，這兩者之間的衝突又得到解決，如此反復，直到整個體系日臻完善。因此，在政治領域也是這樣的。衝突促使新秩序出現，但是沒過多久，新秩序本身就出現了問題；新的衝突的種子已經蘊藏其中。一旦種子成熟，這個新秩序也會隨之被摧毀。你可能會發現黑格爾用來支持所有這些觀點的形而上學誇大其詞、缺乏根據且混亂不清，但是當黑格爾將形而上學與人類歷史相結合時，得到的結果肯定並不愚蠢。這種發展脫胎於衝突的觀點就是所謂的「辯證法」。辯證法貫穿黑格爾哲學的始終，同時也是馬克思主義哲學的重要特徵，這也就是為甚麼馬克思主義哲學常常被稱為「辯證唯物主義」的原因（參見第90頁或第153頁）。

注意，在這種情況下個人並不舒服。理念將走向完全的自我了解，這必須通過人腦來實現，因為人類的大腦是周圍唯一的介質，但是理念卻絲毫不關心人類的大腦。一旦個人完成了他的使命，歷史就將其拋棄。甚至對於世界歷史名人來說也是如此，或者說更是如此：「一旦他們的目標達到了，他們就如同空皮囊似的倒在

一邊。」愷撒(Julius Caesar)完成了他的那點使命,然後被暗殺。拿破崙完成他的大業,之後被打敗、俘虜,最後被送到厄爾巴島上慢慢等死。個人就是可有可無的工具。我們認為上帝愛每一個人,但是只要我們當中還有一些人在從事理念的事業,理念就不可能比上帝關心我們更少。因此很難看到有一天黑格爾主義會成為大眾流行哲學,儘管它影響巨大。

圖12　衝突孕育出進步:攻佔巴士底監獄。法國大革命爆發時黑格爾十九歲——革命給他留下了深刻印象。

達爾文:《物種起源》

從這本妙趣橫生的書中我們能學到的第一件事就是,不要過多關心在哲學和科學之間劃出分明的界線。問題並不在於這條界線不夠分明,儘管我個人認

為界線確實不夠分明。問題在於這條分界線(如果存在的話)對哲學來說並不是很重要。無論劃分這條界線的方法多麼合理,達爾文(Charles Darwin)的《物種起源》都是關於科學的,更確切地說,是關於生物學的。但是,由於書中探討的主題與表述的觀點,這本書在哲學史上的影響很少有其他書能出其右。書中暗含了一個關於我們人類以及人類如何成為現在這個樣子的驚人的論點。今天這個論點也許並不能讓我們感到吃驚,但是在當時,它卻讓大多數人大吃一驚,甚至是驚駭。還有相當多的人則努力想做到一件很難完成的事——在反對這個觀點與不表現出無知和偏見這兩者之間進行平衡。

在某種意義上,《物種起源》一書不僅僅是「暗含」了一個驚人的論點,該書還為這個論點提供了一個精心建構的案例,並且使用大量經過認真考證的證據來支持這個論點。達爾文並非第一個提出自然選擇理論的人(在《物種起源》緒論中,達爾文簡單介紹了這種理論的發展歷程),但是他是第一個收集了如此多的證據,並且坦誠面對這種理論所面臨的困難的人。物種是不斷變化的,一個物種是從其他物種進化而來的,甚至人類也不例外——這個觀點在1859年之前很容易反對:只要說「我反對」就行了。因為這個觀點與你其他的(堅定的)信仰衝突,因為許多專家都反對這種觀點,而且也沒有嚴肅合理的證據來支持這

個觀點。但是到了1859年之後，這樣做就完全不容易了——雖然這時還是有許多人沒有注意這個問題。

然而，從另一個角度來看，「暗含」是最確切的詞。因為達爾文(在書中)並沒有突出自己的觀點，認為人類和其他物種一樣都遵循同一個基本理論。讀到或是跳到最後一章，讀者會發現，在最後一章作者出於謹慎單獨安排了兩到三個不可能弄錯的句子。如果沒有讀過最後一章，那麼就請保持沉默。人們的一個共同的錯誤就是稱這本書為《物種起源》，似乎認為書中談論的物種就是我們人類。當然不是：書中幾乎沒有談到人類。

但是用了很大的篇幅來談鴿子。實際上，第一章有一半是談鴿子的。以鴿子為例非常適合達爾文的策略：使論述始自一個毫無爭議的觀點，那就是通過選擇，即由育種者決定哪些鴿子可以與哪些鴿子交配，品種可以得到改良。(書中還用了大量的篇幅談到牛、羊和賽馬，也提到了獲獎的大麗菊。這樣做並不讓人感到吃驚。)但是這些並不足以達到達爾文預期的目的，因為有人完全可以回答說育種者引起的變化只是微乎其微的。由此，雖然人類的行為使品種發生了改變，但是鴿子的品種如此繁多，它們一開始必定是由各自所屬的那個品種的鴿子發展而來的——它們之間的區別太明顯，所以不可能是同一品種的鴿子的後代。真的如此嗎？

到這裏達爾文的判斷能力發揮到了極致。他並沒

有努力去證明自己的觀點是正確的，他只是表明，任何一個反對者都將有很多話可說。如果扇尾鴿有一個老祖宗，那麼現在在野外哪個地方能找到呢？這個老祖宗也許已經滅絕，也許生活在某個偏遠荒蕪的地方。那麼鴿迷們癡迷的屬於其他品種、具有鮮明特徵的鴿子呢——它們的野生親戚又在哪裏？在這些品種的鴿子中，我們偶爾能發現一些個體，它們的羽毛顏色繁複，與現在的確存在的一種野生鴿子非常接近——關於這一點又怎麼說？是不是這樣：今天所有這些具有鮮明特徵的品種它們的祖先都有同樣顏色的羽毛(雖然它們屬於不同的品種)，現在它們的祖先要麼已經全部滅絕，要麼至少到目前為止人們沒有再見過？哎呀，哎呀，真是太讓人吃驚了……

因此如果人工選擇能夠在相對較短的時間內產生如此巨大的效果，那麼是否存在一種自然選擇的原則，在漫長得多的時間內會產生同樣程度的效果，或者產生的效果要大得多？是的，因為在許多個體獲得繁殖能力之前，「為了生存而進行的戰鬥」(關於這個問題達爾文用了一章的篇幅，寫得非常有趣)就將它們淘汰了。一隻扇尾鴿只有被育種者注意到時，才有可能與其他鴿子交配。一隻野生的鴿子則必須在生存之戰中存活下來，直到進入成熟期，才可能進行交配。在這兩種情況之下，被選中交配的理由完全不同。在第二種情況下，是承受當地環境/生態狀況的能力。如

果環境／生態狀況更加嚴峻，選擇的過程雖然高效但會非常殘酷。

一旦這樣的想法使我們相信重大的變異可能發生——實際上確實有可能，那麼當我們想起這些選擇過程也許在一段長得無法想像的時間內曾一直重複着（達爾文年輕時期，地質學家們就已經開始意識到這一點），我們就會突然意識到一些不同的觀點，正如達爾文在數量很少的專門談到人類的句子中的某一句裏所說：人手的骨骼構造與蝙蝠的翼、海豚的鰭、馬腿的骨骼構造是一樣的——長頸鹿脖子上的椎骨數與大象脖子的椎骨數量是一樣的……這些立刻就說明了動物的血緣理論。變化雖然細微緩慢，但卻是持續的。

19世紀時人們對進化一詞充滿熱情，對此黑格爾的哲學思想提供了巨大的動力。這使得許多人傾向於將達爾文看作是這種進化運動的一部分。實際上，與他同時代但又比他年輕的斯賓塞（Herbert Spencer）*（1820–1903）才是真正倡導這個運動的。他的思想比達爾文要形而上得多，甚至有些黑格爾化。他創造了「適者生存」這個被過度使用的詞。人們很容易將這個詞的含義理解為那些在生存之戰中存活下來的比那

---

* 英國哲學家、社會學家、早期的進化論者。他早於達爾文提出進化觀點，但認為獲得性可遺傳，之後才接受自然選擇說，1864年在《生物學原理》中創「適者生存」的提法。（引自《簡明不列顛百科全書》第八卷）

圖13 維多利亞時代的漫畫家們所鍾愛主題的另一變化形式。達爾文所提示的思想很難被很快理解。(圖中文字自上至下分別為：倫敦素描；達爾文教授；這就是猿猴的形象——《愛的徒勞》第五場第二幕；四到五個後代——《皆大歡喜》第三場第七幕。)

些未存活下來的要優秀。斯賓塞本人似乎就是這樣理解這個詞的，因為他以進化為名義反對任何可能減輕戰鬥嚴峻性的東西，比如社會福利制度。

這種思想很快就發展成一種理論趨向，被稱為社會達爾文主義。這樣命名是不合適的，甚至帶有詆毀的意味。達爾文從未得出這樣的結論，他也不可能去作這樣的推斷，因為這樣做毫無道理。在達爾文的體系中「適者」一詞僅僅意味着：在當時可得的條件下，最適合的才能生存（以及繁殖）。這個詞與道德、智力以及美學上的優越性毫無關係。沒有「在當時可得的條件下」這個附加條件，該詞毫無意義。如果這些條件發生了變化，曾經的「適者」就會成為明天的毫無希望者。像斯賓塞這樣將自然選擇的概念應用於社會生活導致了許多問題，其中之一是人類社會如果發生變化，產生這種變化的條件也很容易因此發生變化。內燃機比馬車更「合適」嗎？在某種意義上是的，但是必須在內燃機沒有將世界上的石油耗盡的前提下。

不過這並不意味着不允許達爾文的思想改變其他任何人對任何事物的看法——絕對不是的。下面舉一個例子。文學評論家、很受歡迎的基督教神學家劉易斯（C.S. Lewis）* 曾經發現自己因為人類的性衝動而哀

---

* 英國學者、小說家。著有約四十部作品，大部分宣傳基督教教義。（引自《簡明不列顛百科全書》第五卷）

嘆（儘管我能肯定哀嘆不止一次*）。他寫道，如果有機會，我們中大部分人都會吃得很飽，但是不會飽得過分；而如果一個年輕人有性慾時就放縱自己，每次放縱帶來一個嬰兒，那麼在很短的時間內他的孩子就能住滿一個村子。劉易斯總結道，這就表明我們天生的性慾已經變得多麼變態。

但是在你斥責自己是個罪人，並開始為男性失去原先的純真而痛惜之前，先考慮一下達爾文的教訓：我們在這裏看到的不是扭曲的自然，而是自然本身。自然並不關心要按照我們或任何其他人的道德準則來構建這個世界。一般說來，男性性衝動的強度以及頻率是決定其孩子數量的主要因素，幾乎沒有其他的因素比這更重要了。因此如果性衝動本身就是男人遺傳給他的許多孩子的，這種衝動顯然就是自然選擇過程中被選中並得到改善提高的一種特徵。如果說今天大部分男性都擁有性衝動，那麼這是理所當然的，當然也不需要開始談論人類的墮落、變態和道德敗壞。或者，也許一些人所說的原罪實際上是這樣的一個事實：進化過程創造出來的——注定要創造出的——與他們設想中的理想人格不一致。

順便說一下：不要擔心劉易斯所說的那些住着幾百個同父異母的兄弟姐妹的村子。只有當現實生活像生產流水線一樣源源不斷地為我們這位年輕的大眾情

---

* 原文中表示「曾經」與「一次」的為同一個詞once。——編註

人提供女性，而且這些女性個個都心甘情願，都具有生育能力，都還未懷孕，並且都與其他男性沒有瓜葛、不至於招致那些好鬥的男性將他攆走的時候，這樣的村子才會出現。委婉地說，我們可以相信自然界中發生這樣的事情的概率非常小。C.S.劉易斯的想像完全是脫離事實的。

這個例子很具體，相對來說也較為微小，但是你很容易看出達爾文主義是如何改變一個完整的哲學體系的，比如我們剛剛談到的哲學體系中的一種。對笛卡兒來說，理性是上帝賦予我們並保證每人都擁有的一種能力，這也是為甚麼笛卡兒能夠依靠理性來告訴我們精神和物質的本質以及其他許多東西的原因。但是如果相反，他認為理性是一種天生的工具，理性之所以發展是因為它（已經發展到了這樣的程度）使擁有理性者比其他人更具有競爭優勢，那又會怎麼樣呢？到這時，他是否還會認為我們能夠確信理性表面上告訴我們的關於這些問題的答案都是正確的？如果我們能夠這樣認為，他又怎麼證實這一點呢？相信上帝不會欺騙人是一回事，以下看法則是另一回事：既然推理能力在處理實際問題時給我們帶來了這樣的優勢，那麼在回答精神是否是一種獨立存在的物質這樣的問題時，推理能力也不可能使我們毫無希望地誤入歧途。是否我要相信因為理性能很好地幫助我們求生存，它就必須也要擅長形而上學？為甚麼這一點必定

是正確的？如果笛卡兒生活在達爾文之後(請原諒我這樣荒謬地拿歷史事實作假設)，笛卡兒哲學的基礎就勢必完全不同，而如果基礎差別巨大，上層建築又怎麼可能一樣呢？

尼采：《論道德的譜系》

「哲學家是可怕的炸藥，其本身毫無安全可言」——這是到目前為止我們聽到的(第3頁)德國哲學家尼采(1844–1900)所作的唯一一句評論。他不打算讓他的讀者輕鬆愉快地閱讀，同時代的人為了保護自己則拒絕讀他的書。但是他死後不久潮流馬上就變了，尼采成了對20世紀哲學思想產生重要影響的哲學家，尤其是在歐洲大陸。

《論道德的譜系》於1887年第一次印刷出版，全書包括一篇序言和三篇文章，每篇都由帶編號的幾部分組成，非常方便閱讀。不要跳過序言，也不要漏掉第一句：「今天我們知道的如此之多，但是關於自己我們知道的又如此之少。」此時，歐洲思想史上的一個重大變化正在發生。長期以來人們一直認為，不管現實的其餘部分可能讓我們感到多麼困惑、模糊，我們至少能夠說出我們內心正在想甚麼。但是到了19世紀，這種想法很快開始式微。在黑格爾對歷史的理解中我們已經可以看出端倪：Geist(精神)的力量在我們身上起着作用，儘管我們自己根本不知道或者只是稍

稍有些意識（前面114頁）。尼采之後十來年出現了弗洛伊德（Sigmund Freud, 1856–1939）。弗洛伊德創立了精神分析學派，提出了無意識理論，認為我們精神生活中最重要的動機是隱秘的，我們自己根本不知道。了解自我不再是簡單快速地回顧過去，而是要進行艱苦的工作，並且不能保證你會喜歡你所發現的東西。

也不要漏掉序言的第三部分。你是否聽到過與之類似的一些觀點？這部分讓我想起笛卡兒《方法論》的第一部分：十幾歲的時候，這位未來的哲學家就被懷疑論所吸引，開始懷疑比他年長的人向他灌輸的知識（前面98頁）。笛卡兒懷疑的是大學裏的新亞里士多德主義，尼采懷疑的則是19世紀的基督教信仰。這些思想是否真的如同周圍人認為的那樣不證自明？笛卡兒想要探究他被教導的這些「真理」是否正確，尼采則認為是時候讓某些人質疑這些「價值觀」的有用性了。尼采的方法是探詢這些價值觀的歷史發展，它們的家譜，尼采稱這為「譜系」。這些價值觀源自何處，人們是怎樣開始相信這些價值觀的？為甚麼人們會相信這些價值，或者換句話說，這些價值觀能為持有它們的人做甚麼？

關於這些問題，人們通常的反應是說：某件東西的價值、某件東西值多少，這取決於它現在的樣子。它是怎樣變成現在的樣子的則是另一件事了。因此尼采的問題是錯誤的。不管他的回答多麼圓滿，這個答

案都無法告訴我們自己的價值觀的價值。如果認為可以，那麼就是犯了「譜系上的錯誤」（為你逐漸積累的哲學詞彙再增加一些術語）。

但是這種批評完全公正嗎？我並不這樣認為。當然也有這樣的情況：我們對某樣東西的價值判斷與我們相信這樣東西從何而來是密切關聯的，如果我們的這種確信變了，我們對這樣東西本身的價值判斷同時也會受到影響。實際上，我們剛剛才看過一個非常重要的例子，這個例子對尼采來說也非常重要，即達爾文主義影響了我們對自己的看法。對許多與達爾文同時代的人來說，上帝決定按照自己的模樣創造人類，人類就產生了。而我們實際上是由較低級的動物，比如猴子，經過一個顯然具有風險的過程進化而來的，而且這種進化也很可能不發生——這個觀點並不僅僅是一個新發現的需要我們接受的事實，就像存在另一顆以前未被發現的行星一樣。這個觀點就好像是在人類臉上摑了一巴掌，人類尊嚴全無，人類對自身價值的判斷全錯——這就是為甚麼當時人們堅決抵制這種觀點，並且直到現在還有人反對的原因。因此有一點毋庸置疑：在合適的條件下，譜系學就如同尼采所說的炸藥一樣——下面我們接着再談關於道德價值觀的問題。

曾經有許多人相信，現在還有一些人仍然相信，各種道德價值體系擁有同一個源頭：它們都是直接由

上帝傳遞給人類的。尼采雖然來自牧師家庭，卻曾聲稱自己是天生的無神論者，他對道德價值體系來自上帝這種說法毫無興趣。他從人類的需求以及人類心理中尋求人類價值觀的源頭。（《人性的，太人性的》[*]是他的早期作品之一，這個標題意蘊深長。）

尼采並非第一個這樣做的人，這一點到序言的第四部分即可看出。實際上，歷史上已經形成這種傳統。大體來說，尼采認為其中心論點為：如果人類發現某些類型的行為（來自個人）對自己有利，對社會的平穩運作有利，他們就說這些行為是「善」的，並大力鼓勵這樣的行為；而如果人類發現這些行為對自己不利，就說它們是「惡」的，並且遏制這樣的行為。這就是為甚麼一個行為如果是為他人的利益而不是為自己的利益，就會被認為是善的——其他人宣佈這個行為是善的，因為他們由此得到了好處。

表面上聽起來這十分有道理：一個社會鼓勵對自己有利的東西。但是尼采卻認為這是胡說，沒有理性，不符合歷史。他利用自己的古典語言造詣（他曾進行過學術研究，但是很快就放棄了）提出了一個完全不同的觀點。並不是從他人的行為中獲利的人後來稱他人（以及他們的行為）是善的，而是上層階級、貴族、貴族階層這些古代社會的統治者們首先聲稱自己（以及自己的生活方式）是善的，普通人和奴隸這些被統治的

---

[*]　《簡明不列顛百科全書》譯為《太有人性的人》。

人群是惡的。早期對善與惡的區分可能更適合被理解為「高貴」與「低俗」、自由與被奴役、領導者與被領導者、已洗乾淨的與未洗乾淨的之間的區別。這些都是居上位者用來歌頌他們自己、他們的力量以及他們的生活方式的詞語，用來表達他們感覺到自己與被奴役的貧苦大眾、弱者之間的差距的詞語。

這也是非常有道理的——你可以想像上層階級是用這樣的方式思考和說話的。（今天如果碰到適當的人，你還能聽到這樣的言論。）但是據尼采所說，下一步才是決定今後兩千多年裏歐洲道德觀的重要因素：老實人被逼急了也會反抗，人民大眾開始反抗了。尼采所說的不是暴力革命和武裝鬥爭，因為處於社會最底層的民眾無論在物質上還是精神上都太弱了。他所說的是某種更微妙、更隱蔽的東西。民眾利用他們能夠使用的極少數方法中的一種來減輕自己的失意和憤恨，即發展他們自己的價值體系。在這個價值體系中，所有關於壓迫者的都是「惡」的，而所有他們自己的、與壓迫者的生活在許多方面形成對比的都是「善」的。

因而這個價值體系不是上帝賦予的，也不是通過直覺來感知自身是否正確，即感知其內在的「正確性」所得到的結果。這是一個報復的工具，脫胎於弱者對強者的憤恨。實際上都是因着怨恨，所有那些對寬容、同情和愛的追求就更執著。這種觀點完全是典

型的尼采式觀點。尼采熱衷於踩在流行觀點的頭上，將其打倒。你剛剛還認為自己的房子狀況良好，突然尼采式的「爆炸」發生了，房頂與地窖猛然間換了位置。這就是哲學在面臨最大的挑戰時的處境。天生就喜歡攻擊傳統觀念和習俗的人會一味地喜歡這樣，但是其他任何人也都可能樂於見到這種激辯。

僅有這些關於愛與同情的道德觀之源頭的事實（正如尼采自己所相信的）並不足以讓尼采如此深地懷疑這些道德觀。畢竟，社會大眾在採納並提倡這種道德觀的過程中，也在努力通過自己唯一能用的方法來獲得權力超過強者，而尼采並不反對這一點——尼采的觀點是，生活整個就是權力意志的體現，任何一個渺小的道德學家都無權在整體上對生活發表意見。對於「群氓道德觀」，他最反感的是這種道德觀並非產生於對自己生活方式（就像上層階級的生活風尚一樣）的肯定，而是通過否定他人的生活方式得出的：他們研究那些充滿活力、自由、高傲、自信、專斷的統治者，然後充滿怨恨地宣佈這些人的品質是惡的，因而與之相反的品質，比如消極、奴性、謙遜、無私則是善的。根據尼采的推測，「群氓道德觀」是對生活的否定。

支持這種道德觀的人現在正處於一種心力交瘁的境地。作為生命體，他們身上與統治階級一樣體現了天生的權力意志，但是與統治階級不同的是他們沒有

獲得權力的天然途徑。因此當直覺引導他們去追尋一種完全不同的權力，宣稱他們的主人那種善於控制人的本能屬於惡習的時候，他們實際上同時也在反對他們自己的本能。因此，這些人是窮人，是被壓迫者。除此之外，他們的心理還是有疾病的，他們的內心是分裂的。而且，他們的感覺糟透了。

圖14　下一步要炸掉甚麼？驚人的髭鬚之上，一雙怒目注視着整個世界；尼采看起來總像是馬上就要點着一根導火索，不是這根就是那根。

　　但是援兵──勉強稱得上是援兵──現成就有，是以一個人物的形象出現的。這個人物形象為所有文

化與時代中的人們所熟知，而且尼采對其興趣濃厚：過苦行生活的牧師，執着於貧窮、謙遜和貞潔，有些時候還會進行極端的自我折磨。這個形象極其清楚地表明了去除生活中的世俗狀況、逃避到他世以及走向「超越」的願望。他比其他任何人都更加否定生活。因此，與群氓一樣，這個形象也是有疾病的，但是他比群氓要強大得多──他的意志力反映在他有能力以自己的方式生活並維持這種生活方式。

這種意志力賦予他力量，引導並指揮一群弱小的靈魂的力量。這種力量部分來自這些弱者對他內心的意志力的感知，部分來自苦行者自身所散發出的那種神秘的氣質以及所擁有的深奧的知識。當然還有一部分是因為苦行者為弱者服務：他減輕他們的痛苦。記住，他們痛苦是因為他們違反了自身至關重要的本能，因此不能期望苦行者能完全消除他們的痛苦，因為苦行者本人也違反了這種本能，只不過他做得更公開，需要更強的意志，目標更堅定。

關於人類痛苦的一個重要事實是，如果人類能明白自己忍受痛苦的理由──甚至發現痛苦中蘊涵的榮耀，如果他們發現理由足夠充份，那麼人類就能忍受很多。另一個重要的事實是，正在遭受痛苦的人想找出造成這種痛苦的人──這樣做的效果就相當於使用麻醉劑，用憤怒的外衣將痛苦隔絕在外。

牧師本能地知道這一點，因此他告訴民眾他們遭

受痛苦的原因，以及這種痛苦的始作俑者。他們遭受痛苦也許是為了讓自己的靈魂得以上天堂，也許是為了正義能夠勝利，也許是為了真理的緣故，也許是因為遭受痛苦上帝的天國就會降臨在地球上——所有美好的東西都是目的。那麼他們遭受的痛苦該由誰來負責呢？答案是：他們自己。提出這一點，民眾內心激昂的憤恨就從統治者——他們最初的目標身上轉移開了。與統治者產生衝突最有可能帶來的後果是給他們帶來更多的痛苦，甚至是部分地毀滅。將目標重新轉移到他們自己身上，這樣至少能提供力量和動機，讓他們在牧師的指導下，有一點自我約束、作一些自我提高。他們願意接受這一點，因為正如我們所見，他們已經違背了自己的本能，因此在某種意義上，也違背了他們自己。他們知道甚麼東西應該根除：他們身上出現的任何屬於強者的態度和行為，只要有一點蛛絲馬跡就要根除。他們已經變得沒有任何危害性。

上述就是尼采的分析。不管我們還會如何看待，他的分析都是堅定不移的。這種分析不過是將一些主要觀點粗略地壓縮在一起。尼采的風格，包括其音樂性、活力、豐富的變化、犀利的智慧，這些都是只能一個人體會的。書中到處都是令人愉快的細節描寫，比如第三篇文章第七部分中關於真正的哲學家的描述。或者看第一篇文章第七部分到第九部分，你是否發現了其中的反猶太基調？然後再讀一遍，你會發現

這幾部分實際上是針對反猶太主義本身的。這幾部分聲稱猶太人的道德史創造了基督教誕生的心理環境——尼采很具諷刺意義地向那些反猶太主義的基督徒開了一炮，這些基督徒認為耶穌被釘死在十字架上要歸咎於猶太人，並以此作為自己反猶太人的根據。這樣尼采就又一次顛覆了主流思想：基督徒應該尊敬猶太人，他們要感謝猶太人為基督教的興盛所做的一切。非常有意思！

第八章
有甚麼？為誰？

　　思考哲學是一項艱巨的任務——也許你已經注意到了。但是如果你堅持讀到了這裏，至少説明哲學還沒有使你感到厭惡。要就哲學寫點甚麼則更難(就我而言)。那麼為甚麼人們還要思考哲學或者書寫哲學呢？原因可能是以下一系列原因中的一種或更多種：希望學着控制自然，學着控制人類自己，進入天堂，避免下地獄；學會容忍生活本來的樣子，或改變生活使其變得可以容忍；支持或反對政治機構、道德習慣或是知識機構；增強寫作者的興趣，增強其他人的興趣(是的，那也會發生)，甚至增強每個人的興趣；因為他們不能忍受其他某些哲學家；因為他們的工作要求如此。有時也許只是出於純粹的好奇。人們一般認為哲學家都是不食人間煙火，遠離現實的。如果説的是哲學家的生活方式，這個觀點往往是對的，儘管並非總是正確。如果那是指哲學家的工作，那麼(我現在説的是能夠永世長存的哲學)這個觀點又常常不對——哲學家們一般總是探討人們真正關心的一些問題，提出一些真正的改進措施：至少從這個意義來説，這個觀點是不對的。

回到本書的開頭部分(第1頁)我談到了三大問題：我應該做甚麼？存在着甚麼？(即現實是甚麼樣的？)以及我們如何知道？聽起來似乎任何為人類提出真正改進措施的哲學主要關注的都應該是第一個問題。但那是不對的。對於現實是甚麼樣的這個問題的看法可以賦予生活以意義，或是加強我們的自尊，比如認為我們是按照上帝的模樣造出來的；這方面的看法還可以為某些類型的行為提供理由(或作為做出這些行為的藉口)，比如認為人類擁有理性的靈魂而動物沒有。對「我們如何知道？」的回答可以加強或減弱第一和第二個問題的各種答案對我們產生的影響，並且很重要的一點是，這些回答中隱含着人們對哪些人擁有知識這個問題的見解，人們相信知識顯然為這群人帶來了威望和權力。

其實，絕大多數哲學都試圖為人類作點貢獻。在本書的最後部分，讓我們從這個角度來研究一下某些哲學。一種哲學思想要想歷世永存，就需要一批支持者，即一批對這種哲學感興趣的人。支持者越多，哲學持久傳承的機會就越大。我們先來談一談一些為個人服務的哲學思想。這些哲學思想擁有大批的支持者，因為我們每個人都是個人。

個人

伊壁鳩魯的哲學思想(參見第五章)是針對個人而

言的，它為個人提供快樂生活的方法，而且這種方法是有論據支持的。社會和政治制度如果妨礙個人為快樂生活所作的努力，就是不公平的，伊壁鳩魯在政治方面的唯一建議就是勸大家不要涉足政治。在某種程度上，我們可以幫助其他人過適合他們的生活，但只限於那些與我們關係親密的人(伊壁鳩魯主義大力提倡友誼)；每個人都必須遵循各自快樂生活的方法。因為成功並非取決於物質條件，即一個人可以為另一個人安排的事情，而是取決於人們對待物質條件的態度。

圖15　現實生活中的伊壁鳩魯主義？並非伊壁鳩魯意義上的伊壁鳩魯主義。

這就是關鍵所在，因為當你明白自己現時的心境基本不受後續生活影響時，快樂便產生了。

伊壁鳩魯認為快樂是唯一的善，當你聽到這一主張時也許會感到吃驚。我們能得到多少快樂，這一定是極度依賴物質生活條件嗎？但是還有第二件令人驚訝的事情：他認為最大的快樂是遠離肉體疼痛與精神焦慮。容易達到的簡單的快樂並不遜於奢侈的、具有異國情調的快樂，並且靠後者得到的快樂會誘發焦慮：獲取這種快樂的途徑可能會被奪走。（有人認為伊壁鳩魯主義就是指有歌舞相伴的持續很長時間的晚宴──這種觀點完全是誤導，這肯定是從伊壁鳩魯的反對者那裏傳來的說法，這樣的反對者不計其數。）

許多精神混亂都源於因迷信帶來的恐懼。應該消除這種恐懼。應該認識到完全生活在幸福之中的神沒有必要、也不希望干涉人類的事情。努力學好物理學、天文學以及氣象學知識，然後就可以確信所有現象都能從自然的角度得到解釋──它們不是神靈發怒的征兆。另外，不要害怕死亡，因為死亡只是不存在而已，並沒有甚麼好害怕的。總之，那就是伊壁鳩魯給我們每個人的忠告。你可以不聽從他的忠告，甚至反對他的建議。當然如果我們都那樣的話，政治家也就不會出現了；但是也許我們可以容忍沒有政治家。

伊壁鳩魯教導個人要在思想上武裝起來，以面對

任何可能發生的事情。兩千多年後，密爾寫下了激動人心的話語，來捍衛每個人自由生活的權力。在他著名的作品《論自由》(1859)中，密爾為眾所周知的傷害原則進行辯護：「權力能夠對文明社會的任何成員正當行使的唯一目的……應為阻止對他人的傷害。」歐洲和美洲的民主政治制度得到進一步完善的同時，也贏得了更充份的理解。密爾則指出了一種潛在的危險：多數人對個體和少數群體的專制。

作為《功利主義》的作者(見第五章)，密爾對人權沒有興趣，而是對那些由於不遵守他的原則而導致的損害和價值損失抱有興趣。主宰自己的生活對人類而言是一種善，是我們的幸福之一，所以即使法律禁止的事情是個人無論如何都不會去做的，個人也會遭受損失。但是整個社會也會遭受損失。傷害原則所保護的人之所以是極其寶貴的資源，正是因為他們有脫俗的觀點和不同尋常的生活方式。如果這些人的意見實際上是正確的，他們的社會價值就是顯而易見的。如果他們的意見是錯誤的，其社會價值不會那麼明顯，但同樣真實：如果人們完全擁護真理，真理就會成為人們口頭的死公式——對真理的反對保證了真理能夠一直活躍在思想中。至於不合常規的生活方式，它們提供了每個人都可以學習的經驗數據。制約個體最終會損害到每個人。

國家

前面(第二章,然後第五章又簡單提及,第70頁及其後)我們談到了所謂政治義務的契約理論。在柏拉圖的《格黎東篇》中我們又看到了契約理論的運用,並且注意到根據對以下問題的不同回答,原則上契約理論會以多種形式出現:在甚麼條件下,為了做甚麼事情,誰與誰訂立了契約?

在所有的契約理論中,霍布斯的理論也許是最有名的——若果真如此,那是因為他對「自然狀態」作了絕妙、真實的描述。在自然狀態中,任何社會制度都沒有建立,沒有人能擁有、耕作自己的東西或者做任何有建設性的事情而不時時擔心遭到攻擊和搶劫,人人都有可能被謀殺。只要這種「一切人反對一切人的戰爭」持續,生活就是「孤獨、貧窮、令人厭惡、粗暴和短暫的」。那麼如何改善這一狀況呢?組織一個機構;同意接受某個「統治者」(個人或機構)的權威,賦予其充份的權力來完成任何他們認為有必要的事情,以保護我們免受來自他人或外部世界的威脅。這個統治機構不會做不公正的事情,因為作為大家公認的代表,它所做的一切都假定已經獲得了簽訂契約各方的同意。公民只有當生命遭到統治者的直接威脅時才會進行抵抗——公民簽訂契約的首要目的就是為了保全生命。回頭看看,即使是「雅典的法律和憲法」(《格

黎東篇》50e–51c，前文第26頁）也不會允許蘇格拉底因為生命遭到威脅而反抗統治者，只是給出了極少的理由來支持這樣極端的主張。

霍布斯筆下的公民難道不會回答他們不只是為了保住性命才簽訂契約的？他們這麼做是為了享受各種自由，在自然狀態下這些自由都是缺失的。這將意味着在公民的生命受到威脅之前，他們就獲得了抵抗的權利。（再說，在交出所有的權力之後，他們怎麼來保護自己的生命呢？）和柏拉圖一樣，霍布斯似乎也超出了自己論點論述的範圍，但實際上這並不令人感到驚訝。柏拉圖青年時期適逢雅典對抗斯巴達的那場災難性戰爭。而霍布斯出生之時，西班牙無敵艦隊正入侵英格蘭，臨近世紀末的那場宗教衝突則奪走了數百萬人的生命。壯年時期他又目睹了英格蘭陷入內戰的紛爭之中。難怪兩人都認為，政治生活首先需要有強大的政府來維持和平與秩序，沒有這兩樣其他一切東西都無從說起。他們支持個人的方式是將全部統治權交給國家。難怪一些人認為他們做得過頭了。洛克(John Locke, 1632–1704)寫作的年代比霍布斯晚了不到五十年，所處的政治環境也要寬鬆一些。他辛辣諷刺道：

> 似乎當人類退出自然狀態進入社會後便會同意，
> 除去一人，所有人都應受到法律的約束，而且那
> 個人應該繼續保留自然狀態時的所有自由，他的

權力又增加了這種自由，儘管他荒淫無度但仍可免受懲罰。這樣想便是認為人類極其愚蠢。他們小心翼翼地避開臭鼬、狐狸帶來的損害，卻心甘情願被獅子吞噬，並且認為這樣很安全。

神職人員

神父通常不是富有之人或是掌握軍事權力的人。因此賦予他們安全以及於安全之外往往還賦予他們在社會或宗教團體內部的極大權力的，肯定是其他東西。這種東西源於周圍的人對神父的看法，認為神父能為自己做的事情，以及他們賦予神父的價值。換句話說，神父的安全和權力源於哲學。利益與危險越隱秘越間接，維持對神父的信仰、保持對授予(轉移)神父權力和安全的人的忠誠所需的機制就越強大。

這不是故意欺騙——儘管認為這樣的事情從未發生過也是荒謬的。這甚至也不是神職人員讓普通人信仰他們是對還是錯的問題。關鍵是必須相信一點：若非如此，便沒有神父。所以存在着大量提升神父地位的著述。

到處都有這樣的例子。既然在前面幾章我們沒有談及西歐以外的地方，那麼現在就讓我們回到印度，看看一部重要的《奧義書》*的開頭部分。《彌蘭陀王

---

* 印度教古代吠陀教義的思辯作品，用散文或韻文寫成，為後世各派印度哲學所依據。

問經》寫就的時候，《廣林奧義書》(見參考書目)可能早已出現，就像今天喬叟[*]的《坎特伯雷故事集》一樣古老。《廣林奧義書》屬於印度教的吠陀經^{**}，一個充滿宗教儀式、犧牲和頌歌的世界。儀式、犧牲和聖歌這些東西對我們很有好處，儘管必須要正確舉行才行。為了確保正確舉行，你需要一個精通吠陀事務的專家；對於那些重大儀式，甚至需要專家中的專家來保證其他專家能正確行事。這樣的專門技術應當被賦予應有的尊重，當然也少不了適當的報酬。〔「希望我富有，這樣就能舉辦儀式」被認為是每個人的願望(1. 4. 17)〕。這種技術，以及附帶的額外收入是特殊的社會階層或等級婆羅門的(世襲)特權。這種種姓制度不是簡單的社會習俗，正如1.4.11節告訴我們的那樣──很顯然這種制度起源於神自身被創造的方式。仔細閱讀1.4.11節：注意種姓制度如何將一定的優越地位賦予處於統治地位的貴族武士階層刹帝利^{***}，同時又保留婆羅門的某種優越的。婆羅門的權力是統治階級權力的「子宮」──後者的權力發源於此。所以武士傷害祭司是愚蠢的，因為這是在傷害他們自己權力的來源。這就是哲學和神學，顯然也是很好的實用政治。

---

[*]　喬叟(Geoffrey Chaucer, 1340？–1400)，英國詩人，歷史上第一個用英語進行文學創作的人，對英語的形成和發展起到了巨大的作用。

^{**}　印度最古老的宗教文獻和文學作品的總稱。

^{***}　印度四種姓之一，意譯土田主，即國王、大臣等統御民眾、從事兵役的種族，所以也稱「王種」。其權勢頗大，階級僅次於婆羅門。

圖16　霍布斯筆下的海怪從英國鄉村連綿起伏的山丘上升起，任何其他事物都相形見小。但是這樣真的安全嗎？難怪洛克感到十分擔心。(圖中文字自上至下為：《利維坦》或物質、形式，以及基督教會聯合體的權力；來自馬姆斯伯里的霍布斯著。)

剛接觸這種思想傳統的讀者會發現許多驚人的陌生觀點。有關於用作祭品的馬(這是吠陀最珍貴的祭品)身體的各個部分與世界的構成部分——年份、天空、地球——相對應的學說。有對語源學的信仰。如果可以看出一個長詞是由——大致上——兩個短詞組合而成的,那麼不管這個長詞描述的是甚麼,組合構詞這一事實都可用來表示長詞所描述之物的起源或本質。《廣林奧義書》反復強調,知道這個奇怪知識是非常有利的:「知道此事的人不管到哪裏都能堅持自己」;「知道此事的人……不會死亡……將會變成神。」所以我們應該重視這個知識,而且應該重視它的捍衛者——祭司。

　　祭司並不總是可以為你做些甚麼——他還可能對你做些甚麼。不要與婆羅門的妻子發生曖昧關係。《廣林奧義書》的第6.4.12節講得非常清楚,婆羅門知道報復你的儀式。「被知道如何詛咒的婆羅門詛咒的男人肯定會離開這個世界,被剝奪生殖能力,被剝奪好手藝……千萬不要調戲深諳此道的婆羅門的妻子,以免和他們結怨。」這裏已經警告大家了。

　　當然了,我們不僅需要神父,我們還需要醫生、清潔工、電玩展示人員、廣告顧問,還有——我差點忘了——哲學教授。由於人們擁有信仰和價值觀、希望和恐懼,這些人都需要存在。

圖17　印度邦主向祭司請教。

工人階級

西歐的工業化給少數人帶來了財富，給多數人帶來的卻是悲慘的生活。這多數人很快就找到了一個維護他們權利的人：馬克思(1818-1883)。毫不誇張地講，世界上任何一個存在政治的地方其政治面貌都因馬克思的努力而改變。馬克思的影響直到過去的十年中才開始衰退。它可能是自身成功的受害者——畢竟，任何對理論的檢驗和真正的嘗試都是不一樣的。(這一原則解釋了實驗方法在科學中的巨大威力。)除非有很多人都已經信服，否則不可能對任何政治理論進行真正地實踐。

在此，我們有機會發現某些貫穿於整個哲學史的互相關聯的事情。馬克思不是黑格爾的弟子——他甚至強烈反對黑格爾的某些觀點。但是當時沒有人不受到黑格爾哲學的影響。與黑格爾相同的是，馬克思也認為歷史展示了一種必然的進步；與黑格爾不同的是，他認為歷史前進的動力是經濟：物質生活條件。與黑格爾相同的是，馬克思認為發展從根本上來說是矛盾得到了解決；但矛盾是不同社會階層之間在經濟利益上的衝突——這就是馬克思主義著名的「階級鬥爭」。而且我們認為馬克思所說的一個觀點對黑格爾來說也非常重要：與你自己的「他者」保持聯繫有極大的價值。「他者」，就像我們常說的，是「某種包含着你的一部分的東西」。

在分析當代經濟體制時，馬克思充份利用了這個

觀點。當代經濟體制的主要特徵是工人階級和「生產資料」(即工廠)所有者資本家之間的利益衝突。他堅定地同情當時的受壓迫者——工人。**關鍵是**，工人需要謀生，但是他們沒有其他東西可以出售，於是便出賣自己的勞動力——用勞動來換取工資。工資並不多，那些購買工人勞動力的資本家沒有興趣多給工人工資，所給的僅夠工人用來維持持續勞動。這就導致工人及其家人只能過着貧困、低劣的生活。

另外，這種情形更在精神上重重地壓迫他們——事實上他們所從事的工作並不真正是**他們的**工作：「對工人而言，工作是外在的東西，不是其本質的一部分……不是滿足自身需要，只是滿足其他需要的一種手段……在工作中，他不屬於自己，而是屬於別人。」正因為工人的需求無法滿足，他們才需要在所從事的工作中**表達**自己。

診斷是一回事，治癒則是另一回事。當一個人所從事的工作不是自己的而是國家的，就像不是自己的而是公司的之時，這個人就可能會體會到異化。當社會龐大而複雜時，對社群利益的認同就不容易實現或維持。即使能認同，那也只能使工作變得**可以忍受**而已。如果你的工作是站在傳送帶旁，擰緊果醬罐的蓋子，那麼為祖國母親俄羅斯工作就要比為全球果醬公司工作更容易忍受。但是那樣做無論如何都不能使事情變得積極，成為表達你的個性、技能或者開發潛力的手段。今天我們講

「工作成就感」，但並不是每個人都能在工作中獲得成就感——這個問題一直存在着。

女性

我們從一個話題跳到另一個話題，從一個人跳到另一個人，穿越全世界，跨越三千年，就像組團旅行發了狂似的。除非人們略為深入地了解某個哲學家的思想，至少深入一回，否則是不能進入哲學王國的。我們已經大致了解約翰·斯圖亞特·密爾的兩部著名作品：《功利主義》和《論自由》。第一本書告訴我們善就是快樂，第二本書告訴我們自由才能使個體獲得快樂。在另一篇差不多同樣著名的文章《論婦女的從屬地位》（1869）中，他告訴我們，這對每個人來說都一樣，不僅僅是對成年男子。

密爾實際的政治觀點瞄準了一個非常具體而且（至少在理論上）容易矯正的弊端：「一種性別在法律上從屬於另一種性別，這本身就是錯誤的，而且現在成了阻礙人類進步的主要因素之一；……應該用完全平等的原則來取代。」他認為當前的家庭法相當於對妻子的奴役。他的話表達的就是字面上的意思，正如他在第二章中描述法律地位時所表現的那樣。然而，他想改變的是一系列，它們剝奪了婦女接受平等教育與獲得重要工作以及職位的機會。

任何主要的哲學思想都需要潛在的受益對象，即

使利益可能只是假想出來的。為了提高女性的地位，密爾要吸引大量的受益對象。但他相信，支持他觀點的將是百分之百的人，而不僅僅是百分之五十。他描寫了女性遭受的不公正待遇，以及現有條件對她們的生活造成的損害，但他同時也用了幾乎相當的筆墨，描寫了這種狀況給所有人帶來的損失。壓抑女性的才智是「對她們的專制，對社會的損害」。歷史告訴了我們許多女性能做到的事情，因為她們已經做到了。歷史沒有告訴我們女性不能做到的事情，而且除非一直有機會，歷史永遠也不會告訴我們。(正如我所寫，一百三十多年後，一位年輕女子在一次單人環球航海比賽即將結束時處於領先位置，而參加這項賽事需要超乎想像的毅力、體力和智力。)

密爾還認為，作為個體，男人經常在不經意中(這本身就是損害的一部分)遭到損害。如果一個人從小就被教育認為自己比他人優越，那是不好的，尤其是當他人的能力實際上比自己強的時候──這種情況經常發生。從另一方面來講，聽起來也許有些殘酷的是，和那些比自己「能力和教養」都要差的人親密地生活在一起，對較優秀的人是有損害的。然而許多男子會發現自己正處於這樣的情況之下。與他們結婚的女子缺陷明顯，因為這些女子是在完全有害的體制下強制生產出來的人工製品。那些男人也許認為自己是贏家，但事實上每個人都是輸家。謝天謝地，自1869年

起事情已經有了改觀，很少的、在世界某些地方發生的、暫時的改觀。

如果我們的話題只是圍繞男人所寫的東西，也許會令人感到奇怪。很明顯，我們有義務轉向另一個話題。德‧波伏娃(Simone de Beauvoir)的鴻篇巨製《第二性》(1949)自問世以來已經激勵了許多女性從事寫作。如果允許我在約兩百年之後短暫復活，當我發現這本書被評為20世紀最具影響力的書籍之一時，我是不會感到驚訝的。

與密爾一樣，波伏娃也關注女性的自由問題；與密爾不同的是，她沒有特別關注自由和快樂之間的聯繫。她否認存在有關女性狀況的有趣概括，因為女性的狀況反映了她們所處的環境，其中有一些是社會環境，因此充滿變數。(密爾似乎覺得可能存在一些這樣的概括，但認為沒有一個為人所知。)此外，波伏娃從存在主義傳統出發，認為對環境的反應是我們每個人的自由選擇——假裝我們完全被環境所主宰是不真實的，是在逃避責任。

本書的篇幅只允許我涉及這部始終生動的巨著的一個主題。在第七章我談到了黑格爾的巨大影響，並提及了他的自我認識學說：當一個人在其他東西，即一個人的「他者」裏發現了自己的其他方面時，自我認識便出現了。抓住其中的心理真相，並完全忽略黑格爾宏偉的形而上學，波伏娃於此發展了她最有特色

的學說：女性是男性的「他者」，且雙方的自我了解都取決於這一點。

當「他者」本身就是一個主題、一個人時，事態就會變得更加複雜，潛在的損害也更大。我正在看着你看着我看着你……A如何看B會影響B，因此它會改變A在B身上發現的東西。這又(回想一下關於自我認識的學說)改變了A對A自己的感知，然後影響到A，這兩點都會影響A如何看B……只此一次某些事情就發生了嚴重錯誤，正如當男人奴役女子時，認為這對他而言是件好事，而女子接受奴役，以為那是她們唯一的選擇，兩性之間的關係就會糾纏在一張人造的錯誤之網中。現在「無論他做甚麼……他都覺得受到了欺騙，而她則感到委屈」。互惠的關係意味着沒有一方能單獨糾正錯誤：波伏娃同時呼籲男人要承認女人的獨立和平等，而女人則要堅持獨立、平等，並認識到自己本來就應該如此。

所以最後一頁有這樣一句話，這句話儘管完全體現了波伏娃的特點，但幾乎就是密爾寫的：「當我們廢除了半數人類的受奴役狀況以及這種狀況中隱含的整套虛偽制度時，人類的『分類』將揭示出自己真正的意義，人類夫婦將找到自己真正的形式。」他，從經驗主義和功利主義傳統出發；她，有着完全不同的黑格爾哲學及存在主義背景，但兩人殊途同歸。這幾乎使你覺得他們可能是正確的……

動物

任何有志於改善動物——非人類的動物——狀況的人一開始都會面臨一個問題：動物不會閱讀。所以這方面的寫作者不得不説服的將是與受益對象大相徑庭的讀者。這需要採取一兩個策略：或者求助於他們更好的本性，或者説明他們也會獲益。在努力讓普通人支持神職人員的時候，我們看到的是第二種策略在起作用；在努力獲得男性對女性解放事業的支持的時候，密爾和波伏娃兩種策略都利用了。

如果你求助的大部分人都從你正努力消除的行為中受益或者認為自己會受益，情況會變得更加無望。許多人喜歡吃肉，許多人還認為通過動物醫學實驗，人類可以獲得極大的好處。當女權主義作家試圖挑戰男人的觀點時，也遇到相同的問題，但至少這些作家在女性中獲得了直接的支持，而「動物保護主義者」根本就沒有直接的支持者。

佛教不走極端，很自然對動物採取保護態度。我説「很自然」，是因為佛教保留了印度教的觀點，認為靈魂可以反復回歸到生命中去，而且這次化身為人，下次也許就會化身為動物。佛陀自己就曾經是一隻野兔。基督教沒有這樣的玄學，也沒有這樣的顧忌——去問一隻印度奶牛，玄學是否重要！上帝創造亞當主宰其他動物，動物都是為人而造。我們有理智的靈魂，但是動物沒有，因而它們被排除在道德的範

圍之外。〔持此觀點的人中就有阿奎那(St. Thomas Aquinas, 1225–1274)〕其中一隻動物跑啊跑,休謨拍了它一下(參見前文第35頁),但是它仍然跑啊跑。

作為密爾擁護並發展的功利主義的創始人,邊沁(Jeremy Bentham, 1748–1832)在道德上擁有決定權,這令他既痛苦又高興,而且他就動物發表了一段著名的言論:「問題不在於『它們是否能推理?』也不在於『它們是否能說話?』而在於『它們能否感到痛苦?』」(它們當然可以,所以它們進入到功利主義的等式中,在道德上我們對它們也有責任)。不過,那是討論人類福利的一本書中的一個附帶段落。只是到了最近,我們才開始得到整本的書,其中明確談到關於我們如何對待動物的道德問題(見參考書目),這一事實也許能反映出作者們在策略方面所處的複雜環境。

在過去二三十年中,他們的學說已經取得了巨大進步——策略問題並非不能解決。他們可以向那些總是認為動物身上也有人類特點的多愁善感的人求助。他們可以向現代生物學求助;現代生物學提供了更加確定的事實,說明我們與動物的關係比阿奎那想像的遠為親密,這比休謨所能做的更具有說服力。他們強烈地呼籲人們的良知,發出邊沁式追問:是否因為能給人類帶來好處就可以讓動物受苦?如果可以,那麼在甚麼時候?因為你也許能體會到,雖然做實驗的白鼠死了,但癌症的治療方法有了顯著進步,這與用狗

和熊窩裏熊的死亡來換取幾分鐘的運動娛樂之間是有區別的。

動物福利的某些方面關乎另一個緊迫的問題——對自然環境的損害和關愛。對於這個問題的一方面，即素食主義，有時人們是這樣看待的：用植物原料餵牛再吃牛肉，與直接吃蔬菜不吃牛肉相比，被認為是一種非常低效的利用地球資源的方式。所以從長遠來看，素食主義對每個人都是有利的。主意不錯——人們聽得越多，談論的要點就越多。

職業哲學家

你應該已經注意到，也許帶着一絲驚奇：儘管我現在在書寫哲學，但我幾乎沒有談到哲學。我不懷疑其中一些哲學思想是有價值的，而且會長存。我更不會懷疑現在發表的東西中只有很小一部分會持久流傳。我能猜到一兩本能長存的書的標題，但是猜想終究只是猜想；所以我最好還是關注那些已知的經受過時間真正考驗的作品。這些作品能夠經受住考驗的原因之一是，它們是有感而寫，內容對人類是有好處的，而且我們能夠體會到其中的熱情和智慧。

沒有理由認為當今的哲學著述不應該如此，而且其中的一部分的確是這樣的。但我們應當注意到，大多數哲學著述都是由職業哲學家所寫，他們的生計和職業前途要求他們撰寫和出版此類文章。這一點並不

圖18　一位職業哲學家——對此人要略有防備。

能說明甚麼——畢竟，康德和黑格爾都是職業哲學家。這當然並不表示他們對哲學的興趣不是真的，但這的確意味着，在讓他們感興趣的種種原因中，有些我會認為是假的。在第一章我曾說過，哲學家參與辯論是為了改變文明進程，不是為了解開一些微小的謎。但在如今職業化的哲學世界中，謎的完美解決需要作者付出很大的精力；對其他的職業哲學家來說，為解謎而進行寫作的誘惑和壓力都有，至於文明就讓它自然發展吧。

　　不應該將這本書——拜託！——理解成是對現在大學哲學系中出現的所有現象的全面譴責。這只是一

圖19　上哲學課就沒有晚餐吃。

個很簡短的介紹，為第一次接觸哲學的人提供一些
．．．．．．．
建議。如果你正在翻看某個學術出版社的最新哲學書
籍，或是最近一期的頂級哲學專業雜誌，然後發現自
己看不懂其中所講的東西，或是沒有甚麼能引起你的
注意，不要以為整個哲學你都不懂。你現在看到的可
能是大畫面中的一個小細節，你只是還沒有識別的經
驗。也許情況更糟糕，你所讀的對哲學家而言其實就
相當於一個國際象棋方面的問題，非常巧妙但沒有普
遍意義。發揮自己辨別能力的同時，請堅持閱讀那些
優秀的經典作品。

　　對於我向你們介紹的任何一個哲學家，不必產生

前述疑問。眾所周知，他們都是在用心力和智慧來寫作。他們有無數優點，同時他們也會有缺點，這一點可以肯定：意料之外的無知、偏見、自負、晦澀——這些只是一小部分而已。但是正如我希望自己已經在文章中表明的那樣，哲學同生活一樣的廣泛，在其巨大的文庫中，有着最富智慧的美德，同時也有最富智慧的瑕疵。希望哲學只有美德沒有瑕疵，就如同希望人類沒有思想一樣。

參考書目

My time is up. But I promised to leave you with the names and addresses, so to speak, of some guides with whom you can begin to go further and deeper. It is worth noticing that some very prominent philosophers have devoted time and care to writing introductions. This is no matter of churning out a standard textbook: every route into philosophy is to some extent personal.

Introductions

T. Nagel, *What Does it All Mean?* (New York and Oxford: Oxford University Press, 1987)
In this very short book Tom Nagel, eschewing all mention of history and aiming straight for the problems, gives the reader a taste of nine different areas: knowledge, other people's minds, the mind–body relation, language and meaning, freedom of the will, right and wrong, justice, death, and the meaning of life. Just right for your first piece of reading – see what grabs you.

S. W. Blackburn, *Think* (Oxford: Oxford University Press, 1999)
The perfect thing to move on to after Nagel. Takes on several of the same themes as Nagel's book, plus God and Reasoning, now at greater length and depth; frequent quotation of historical sources, so beginning to communicate a sense of the (Western) philosophical tradition. Very entertainingly written.

B. Russell, *The Problems of Philosophy* (Oxford: Oxford University Press, 1912)
A classic introductory book, still going after nearly ninety years. Don't miss the last chapter – Russell's claims for the value of philosophy – even though some of it may nowadays seem just a little grandiose and optimistic.

Histories of philosophy

B. Russell, *History of Western Philosophy* (London: George Allen & Unwin, 1946)

A remarkable book synthesizing a mountain of material in a most engaging way. Enjoy it, but don't be surprised if you later hear the opinion that Russell's account of some particular thinker is limited, or misses the main point, or is distorted by his intense dislike of Christianity.

F. Copleston, *A History of Philosophy* (8 vols. London: Burns & Oates, 1946–66)
Nothing like so much fun as Russell, but comprehensive and reliable and suitable for serious study. With a different publisher (Search Press), Copleston later added a volume on French philosophy from the Revolution onwards, and another on philosophy in Russia.

S. Radhakrishnan, *Indian Philosophy* (2 vols. Delhi: Oxford University Press, 1996; 1st publ. 1929)
Sarvepalli Radhakrishnan, President of India 1962–7, earlier held professorships in Calcutta and Oxford. The Indian philosophical tradition is deep and sophisticated; the Western reader will often come across familiar thoughts and arguments, fascinatingly transformed by the unfamiliar background. Don't panic if you see a few words of Sanskrit.

Reference works

There are now several good one–volume works of this kind: *The Oxford Dictionary of Philosophy*, by Simon Blackburn; *The Oxford Companion to Philosophy*, ed. Ted Nonderich; *The Cambridge Dictionary of Philosophy*, ed. Robert Audi (first two Oxford University Press, the last Cambridge University Press).

The best multi–volume work in English is (though I say it myself – to understand why I say that, take a close look at the photo on p. 117) *The Routledge Encyclopedia of Philosophy*. Not, in most cases, for the individual pocket! This is one to read in a big public library or a university library, or via some such institution which subscribes to the internet version.

Works referred to in the text

Chapter 2

Plato, *Crito*. Handy and accessible is *The Last Days of Socrates* (Penguin Books) which contains *The Apology*, *Crito*, and *Phaedo* in a translation by Hugh Tredennick. My only complaint is that the Stephanus numbering is indicated at the top of the page, instead of being given fully in the margin. Should you feel yourself getting keen on Plato a good buy is *Plato: Complete Works*, ed. J. Cooper and D. S. Hutchinson (Hackett Publishing Co.).

Chapter 3

David Hume, *Of Miracles*, section X of *An Enquiry Concerning Human Understanding*. Many editions. Try that by L. A. Selby-Bigge (Oxford University Press), which includes Hume's *Enquiry Concerning the Principles of Morals*. Other writings on religion by Hume, also easily available, are his *Dialogues Concerning Natural Religion* and *The Natural History of Religion*.

Chapter 4

Anon., *The Questions of King Milinda* is available in an inexpensive abridged version edited by N. K. G. Mendis (Kandy, Sri Lanka: Buddhist Publication Society, 1993).

Plato, *Phaedrus* 246a ff. and 253d ff. Plato compares the soul to a chariot.

Anon., *Katha Upanishad*, 3.3–7, 9: the soul is compared to a chariot in the early Indian tradition. An easily available edition of the main Upanishads is in the Oxford University Press World Classics series in a translation by Patrick Olivelle.

Chapter 5

Epicurus: The early historian of philosophy Diogenes Laertius wrote a work called *Lives of the Eminent Philosophers*, published in the Loeb Classical Library by Harvard University Press (2 vols.) The last section of vol. 2 is devoted entirely to Epicurus, and reproduces some of his writings. (Apart from these only a few fragments have come down to us.)

John Stuart Mill, *Utilitarianism*. This short work, and Mill's *On Liberty* (see below under Ch. 8) can both be found in a voltime in the Everyman's

Library series published in London by J. M. Dent & Sons and in New York by E. P. Dutton & Co.

Thomas Hobbes, *Leviathan*. One good option is the edition by Richard Tuck published by Cambridge University Press. The famous chapter about the state of nature is part 1, chapter 13.

Plato, *Republic* 453–66. Plato's abolition of the family – or should one rather say his introduction of a new, non-biological concept of the family? – and his reasons for it.

Chapter 6

Lucretius, *Of the Nature of Things*, translated by R. E. Latham, introduction by John Godwin, Penguin Books. Lucretius, a Roman of the first century BC, put the doctrines of Epicurus into Latin verse with the dear intention of converting his compatriots if he could. Godwin's introduction begins: 'This book should carry a warning to the reader: it is intended to change your life'. The original title is *De Rerum Natura*.

Berkeley, *Three Dialogues between Hylas and Philonous*. Numerous editions: a good bet is Roger Woolhouse's edition, published by Penguin Books, which also contains Berkeley's *Principles of Human Knowledge*.

Kant, *Critique of Pure Reason*. Still the best translation is that by Norman Kemp Smith, published by Macmillan. But beginners beware: this is very hard reading.

Sanchez, *Quod Nihil Scitur*. This is highly specialized stuff, but since I mentioned it in the text I give the details here: edited and translated by Elaine Limbrick and Douglas Thomson, published by Cambridge University Press.

Descartes, *Meditations*. Many editions available. But just in case you find yourself getting interested in Descartes try (in its paperback version) *The Philosophical Writings of Descartes*, translated by J. Cottingham, R. Stoothoff, and D. Murdoch, published by Cambridge University Press (2 vols.) The *Meditations* are in ii. 3–62.

Sextus Empiricus, *Outlines of Pyrrhonism*. Again, this is specialized material. But it would be a pity never to have read at least the first twelve sections of book 1, as far as the point where Sextus explains what the Sceptical philosophy is for. R. G. Bury's translation is published in the Loeb Classical Library by Harvard University Press.

Chapter 7

Descartes, *Discourse on the Method*. Numerous editions: see the recommendation for Descartes's *Meditations* just above. *The Discourse on the Method* is in i. 111–51. Parts of Descartes' *Treatise on Man*, from which the illustration on p. 80 of this book was taken, are on pp. 99–108

Hegel, *Introduction to the Philosophy of History*. An excellent translation is that by H. B. Nisbet and published by Cambridge University Press under the title *Hegel, Lectures on the Philosophy of World History: Introduction*. pp. 25–151 give you all you need.

Charles Darwin, *The Origin of Species*. To be recommended is the edition by J. W. Burrow published by Penguin Books. If you haven't time for the whole of it, at least read chapters 1–4 and 14 (the closing chapter).

Nietzsche, *The Genealogy of Morals*. Translating Nietzsche's resonant and inventive German is a tricky business; that may be why so many English translations are presently available. The two I can recommend are those by W. Kaufmann and R. J. Hollingdale, published by Vintage Books, and by Douglas Smith, published by Oxford University Press in their World Classics series. (But if you can comfortably read Nietzsche in German don't even think about reading him in any other language.) The central passage about the activities of the 'ascetic priest' is 3.10–22 – but don't limit yourself to that.

Chapter 8

John Stuart Mill, *On Liberty*. This and Mill's essay *Utilitarianism* (see above under Chapter 5) are in a volume in the Everyman's Library series published in London by J. M. Dent & Sons and in New York by E. P. Dutton & Co.

John Stuart Mill, *The Subjection of Women*. Available in a volume called *John Stuart Mill: Three Essays*, introduction by Richard Wollheim, published by Oxford University Press; or by itself in a very inexpensive version from Dover Publications.

Anon., *Bṛhadaranyaka Upanishad*. As with the *Katha Upanishad* (see above), an accessible edition is Patrick Olivelle's translation of the main Upanishads in the Oxford University Press World Classics series.

Simone de Beauvoir, *The Second Sex*. The translation by H. M. Parshley is one of the most handsome volumes in the Everyman's Library series, published by David Campbell Publishers Ltd.

Karl Marx, *Economic and Philosophical Manuscripts*. This is where the quotation in the text comes from. Someone having their first go at Marx should look to some anthology of his writings, perhaps *The Marx–Engels Reader*, ed. R. Tucker, published by Norton and Co. But beware: Marx, especially early Marx, often isn't easy to read – a consequence of habits of thought and style he got from Hegel.

Peter Singer, *Animal Liberation*, is a notable example of a book devoted to the morality of human relationships with animals, published by New York Review Books in 1975. Tom Regan's *The Case for Animal Rights* (University of California Press, 1983) is another.